ALZHEIMER
Cuidar de seu ente querido
e cuidar de você mesmo

Coleção Gerontologia

- *A dádiva do tempo*
  Joan Chittister

- *Alzheimer*
  Sharon Fish Mooney

- *Aposentadoria: uma oportunidade de vida*
  Ricardo Moragas Moragas

- *Envelhecer com sabedoria*
  Sonia Bufarah Tommasi e Graciela Ormezzano

- *Envelhecer sem ficar velho: a aventura espiritual*
  Jean-Pierre Dubois-Dumée

- *Os desafios dos sessenta anos*
  Jacques Gauthier

Sharon Fish Mooney

ALZHEIMER
Cuidar de seu ente querido e cuidar de você mesmo

Dados Internacionais de Catalogação na Publicação (CIP)
(Câmara Brasileira do Livro, SP, Brasil)

Mooney, Sharon Fish
   Alzheimer : cuidar de seu ente querido e cuidar de você mesmo / Sharon Fish Mooney ; tradução Barbara Theoto Lambert. – 3. ed. – São Paulo : Paulinas, 2012. – (Coleção gerontologia)

   Título original: Alzheimer´s caring for your loved one, caring for yourself.
   ISBN 978-0-7459-5289-5 (original)
   ISBN 978-85-356-3163-0

   1. Cuidadores - Aspectos psicológicos 2. Doença de Alzheimer - Pacientes - Cuidados e tratamentos 3. Doença de Alzheimer - Pacientes - Relações com a família 4. Gerontologia I. Título. II. Série.

12-04997   CDD-150

Índice para catálogo sistemático:
1. Doenças de Alzheimer : Relações familiares : Aspectos psicológicos   150

Título original: *Alzheimer's: caring for your loved one, caring for yourself*
© 2008, Sharon F. Mooney / Lion Hudson plc, Oxford, England.

Direção-geral: *Flávia Reginatto*
Editora responsável: *Luzia M. de Oliveira Sena*
Assistente de edição: *Andréia Schweitzer*
Tradução: *Barbara Theoto Lambert*
Copidesque: *Mônica Elaine G. S. da Costa*
Coordenação de revisão: *Marina Mendonça*
Revisão: *Ruth Mitzuie Kluska*
Direção de arte: *Irma Cipriani*
Assistente de arte: *Sandra Braga*
Gerente de produção: *Felício Calegaro Neto*
Projeto gráfico: *Manuel Rebelato Miramontes*
Capa e diagramação: *Wilson Teodoro Garcia*

Nenhuma parte desta obra poderá ser reproduzida ou transmitida por qualquer forma e/ou quaisquer meios (eletrônico ou mecânico, incluindo fotocópia e gravação) ou arquivada em qualquer sistema ou banco de dados sem permissão escrita da Editora. Direitos reservados.

3ª edição – 2012
3ª reimpressão – 2021

Paulinas

Rua Dona Inácia Uchoa, 62
04110-020 – São Paulo – SP (Brasil)
Tel.: (11) 2125-3500
http://www.paulinas.com.br
editora@paulinas.com.br
Telemarketing e SAC: 0800-7010081

© Pia Sociedade Filhas de São Paulo – São Paulo, 2010

*Para LaVonne Neff e Morag Reeve,
que ajudaram este livro a nascer,
e a todos que me ajudaram
e partilharam suas vidas comigo.*

Agradecimentos

Minha esperança é oferecer uma palavra de ânimo a todos os que lerem este livro. Vocês não estão sozinhos quando estendem os braços para cuidar de seus entes queridos.

Sou profundamente grata a Jack Fisher Poling, Marian Gierasch e Mary Butts, quatro cuidadores que formaram o grupo original de apoio aos doentes de Alzheimer em Oneonta, Nova York (EUA), e que fielmente mantiveram a chama acesa em reuniões mensais para os que precisavam de ajuda e incentivo.

Agradecimentos especiais a Mary Johnson, que leu o manuscrito original, e a dezenas de cuidadores que se dispuseram a partilhar suas experiências para ensinar aos outros, inclusive a mim. Para proteger-lhes a privacidade, não foram mencionados nomes e, em alguns casos, certos detalhes que poderiam identificar-lhes foram mudados a pedido deles. Situações que introduzem vários capítulos combinam todas as nossas histórias, nossos medos, nossas esperanças, nossos sentimentos. As pessoas descritas poderiam ser seu pai ou sua mãe, seu marido ou sua esposa, sua irmã ou seu irmão, seu filho ou sua filha.

Quero agradecer ao médico Dr. Raymond Vickers, que foi diretor médico do Lar dos Veteranos do Estado de Nova York, em Oxford; ele leu e revisou o manuscrito original com os olhos de um profissional. Agradecimentos especiais também a sua esposa, Barbara, que, durante muitos anos e em várias ocasiões, generosamente dedicou parte de seu tempo e de seus talentos para incentivar cuidadores.

Agradeço às pessoas a seguir, que afetuosamente cuidaram de minha mãe em nossa casa ou na deles durante anos: Sylvia Davisson, Pat Gifford, Janet Roseboom, Bunny Rodriguez, Kim Lund, Carol Rose, Katie Jenison e Debbie Derry. Agradeço aos funcionários da Stamford Nursing Home em Stamford, Nova York, que cuidaram de minha mãe em seus últimos dias como se ela fosse mãe *deles*. E agradeço aos funcionários e amigos do Inter County Home Care que estavam sempre presentes quando eu precisava deles.

Gostaria também de agradecer à unidade de tratamento especial em Kirkhaven, Rochester, Nova York, onde trabalhei; à sede local de Rochester, Nova York, da Alzheimer's Association; e ao Dr. Eric G. Tangalos, do Alzheimer's Disease Center da Clínica Mayo, em Rochester, Minnesota, por sua prestimosa assistência.

Agradecimentos especiais por muitas razões às pessoas seguintes: Dr. Steven Szebenyl e Dr. Donald Pollock, do Hospital

Bassett, Cooperstown, Nova York, que me ajudaram durante anos com administração médica; Emalene Shepherd da Writer's Digest School, que estimulou um sonho que começou com uma coluna para cuidadores; e Morag Reeve e Kate Kirpatrick, redatores de Lion Hudson, que quiseram imprimir este livro.

Quero especialmente reconhecer e agradecer a Susan Cuthbert, minha editora na Lion, e a Jan Dewing, da UK Wandering Network, por suas valiosas informações e contribuições. Meus agradecimentos finais vão para os muitos amigos que rezaram e me incentivaram e para meu marido Scott e meu enteado Richard, que demonstram constante desvelo por mim.

Muito obrigada.

Sharon Fish Mooney

Sumário

Parte 1
Alguma coisa está errada

Capítulo 1
Ramos machucados e pavios fracos de chama 19
Mal de Alzheimer: assunto de família 23
Alguns fatos sobre o mal de Alzheimer 26

Capítulo 2
Em busca da verdade 31
Destaques históricos 34
Talvez não seja Alzheimer 38
Não se descuide dos testes laboratoriais 44
A mente é importante 47
Faça um exame da cabeça 50

Capítulo 3
Enfrentar os fatos 57
Acabe com os mitos 61
A questão do alumínio 65

Não negue o declínio 68
Seis razões para enfrentar os fatos 72

Capítulo 4
O que acontece no andar de cima 79
O que está errado? 85
Como perceber os sintomas 90
Como enfrentar o segundo estágio 93

Parte 2
Como cuidar de seu ente querido

Capítulo 5
Quando a memória começa a falhar 99
As faces da perda de memória 101
Estimuladores da memória 105
Como manter a consciência das pessoas 108
Troços e coisas 110
Como transpor os obstáculos 112

Capítulo 6
Arrebatamentos emocionais 115
As causas das reações catastróficas 116
O que fazer e o que evitar 118
Confie em rituais 123

Capítulo 7
Sempre em movimento 127
Síndrome do pôr do sol 128

Propensão para perambular 132
Sair de casa 139

CAPÍTULO 8
Comportamentos desconcertantes 145
   Entesouramento 145
   Refeições conturbadas 149
   Perda de controle 155
   Desinibições sexuais 162

CAPÍTULO 9
A luta pela segurança 167
   Tirar as chaves do carro 167
   Segurança em casa 173
   Instrua-se e esteja preparado 180
   Quando a emergência é você 181
   Como zelar por seu ente querido 184

PARTE 3
Como cuidar de você mesmo

CAPÍTULO 10
Gente que ajuda 189
   Grupos de apoio 190
   Amigos e parentes 197
   Os pequeninos 202

CAPÍTULO 11
Sistemas de apoio aos cuidadores 205
   Cuidados domiciliares 206

Centros diurnos para adultos 211
Moradias para idosos 212
Clínicas residenciais e de repouso 213
Instituições de cuidados intensivos 214
Outras alternativas 214
Continue procurando 215

Capítulo 12
Emoções confusas 217
Medos e ansiedades 218
O tropeção da culpa 222
Boa notícia 226

Capítulo 13
Quente, mas não queimado 229
Com raiva de Deus 233
Com raiva dos outros 237
Com raiva do mal de Alzheimer 240

Capítulo 14
Abatido, mas não acabado 245
Como enfrentar a depressão 247
Inversões de papéis 250
Em busca da luz 250
Como manter a forma física 252
Como conservar-se mental e fisicamente equilibrado 255
Como buscar apoio espiritual 259
Como encontrar alegria no deserto 261

PARTE 4

Dizer adeus

CAPÍTULO 15

As decisões difíceis 265
Saber quando desistir de cuidar em casa 265
Quais são as opções? 270
Em busca de um local para cuidados prolongados 274
Critérios e recursos adicionais 276
Como pago as contas? 279
Como tomar aquela decisão difícil 281
Como continuar a cuidar 283
Problemas dos cuidados contínuos 286
O exame *post mortem* 289
Consentimento para uma autópsia
post mortem do cérebro 292
Como tomar providências médicas 294
Saber a verdade 295

CAPÍTULO 16

O apagar da chama 297
Como cuidar dos moribundos 298
Apoio emocional e espiritual 302
Pavios de chama brilhante 303

APÊNDICE A

Como avaliar opções de cuidados prolongados 305
Check-list para avaliação de clínicas de repouso 306

APÊNDICE B
Outras demências e distúrbios relacionados 313
1. Demência vascular 314
2. Demência com corpos de Lewy 316
3. Demência relacionada a príons 318
4. Anormalidades neurotransmissoras 320
5. Demências hereditárias 321
6. Demências frontotemporais 322
7. Anormalidades neuromotoras 324
8. Anormalidades da matéria branca..................................324
9. Distúrbios relacionados ao excesso de álcool
   e à avitaminose 325

APÊNDICE C
Pesquisas e medicações 327
1. Pesquisa e medicações com a proteína amiloide 328
2. A questão genética 330
3. Fatores ambientais 332
4. Pesquisa da acetilcolina e medicações
   a ela relacionadas 333
5. Pesquisa das mitocôndrias e suplementos 335
6. Outras medicações alternativas 336

PARTE **1**

Alguma coisa está errada

[O meu servo] não quebra o ramo já machucado, não apaga o pavio já fraco de chama.

Isaías 42,3

CAPÍTULO 1

Ramos machucados e pavios fracos de chama

Muriel sentou-se à mesa da cozinha e lentamente passou manteiga na torrada. Quinze minutos de silêncio, vinte, se tivesse sorte. Tempo tranquilo, a sós, para apreciar a torrada, uma xícara de café e uma rápida lida no jornal da manhã antes de começar o verdadeiro trabalho: tirar a mãe da cama, lavá-la, alimentá-la, fazer-lhe a toalete, vesti-la para passar o dia e ajudá-la a caminhar. E então, mais para o fim da manhã, várias pilhas de roupa para lavar, inclusive os lençóis sujos de urina da mãe.

– Tchau, mamãe – Susan gritou, enquanto pegava os livros e saía para tomar o ônibus escolar.

– Tchau – berrou Bruce, agarrando a mochila e ultrapassando a irmã.

Muriel olhou pela janela e viu de relance o ônibus fazer a curva e desaparecer depois da cerca viva.

Faltavam só algumas semanas para o semestre letivo terminar. Infelizmente, Muriel sabia que os filhos não aguardavam ansiosamente o verão, que passariam todo em casa. Quando lhes questionara, disseram não se importar, mas a vizinha lhe contara a verdade. Numa ocasião, a vizinha perguntara a Susan como ia passar as férias de verão, e a menina apenas dera de ombros e fizera cara de infeliz. E Bruce dissera: "Não vamos a lugar nenhum por causa da vovó".

– Mur, Mur.

"Dez dos meus vinte minutos desperdiçados pensando em uma coisa a respeito da qual nada posso fazer", Muriel pensou.

– Mur, Mur.

– Já vou, mãe – Muriel respondeu, engolindo apressadamente o resto do café, passando o prato debaixo da torneira e empurrando-o na máquina de lavar pratos.

Ruth. A mãe de Muriel. Era por causa de Ruth que as crianças não aguardavam ansiosamente as férias de verão.

Muriel não as censurava. Não era fácil ter 13 e 7 anos e conviver 24 horas por dia com uma avó com Alzheimer. Uma avó que não fazia as coisas que deveria fazer – como dizer que eles eram netos adoráveis, escutar suas histórias e assar-lhes biscoitos. Uma avó que, em vez disso, os ameaçava e nem mesmo sabia seus nomes, que balbuciava coisas incoerentes e quase incendiara a casa tentando cozinhar um ovo.

O pai de Muriel morrera quinze anos antes e sua mãe não se casara de novo. Ruth continuou a morar sozinha na velha casa de fazenda da família, cinco quilômetros distante de Muriel, Carl e as crianças. Aos 65 anos, Ruth começara a mostrar sinais de perda de memória, mas eram tão tênues que Muriel mal os tinha notado.

Sua mãe estava sempre perdendo coisas: os óculos, o talão de cheques, as chaves. Quando Muriel aparecia inesperadamente, quase sempre encontrava Ruth remexendo gavetas, resmungando. Mas, por outro lado, ela se recordava de que a vida toda sua mãe esquecera onde guardava as coisas.

Então, Ruth parou de se lembrar.

Primeiro foram os aniversários: o de Muriel, de Carl, de Susan, de Bruce e o dela mesma. Muito diferente da mulher que nunca deixava de enviar um cartão, comprar um presente ou assar um bolo.

Em seguida foram os compromissos. O dentista, a cabeleireira, o pedicuro – todos foram esquecidos. Em um mês, Muriel recebeu chamadas dos três perguntando onde sua mãe andava.

Ruth tinha avisos pregados pela casa toda; ela os chamava de "Estimuladores da memória". Mas continuava a esquecer.

E em seguida foram os nomes. Num domingo, quando Ruth viera jantar com a família, Muriel achara estranho que a mãe parecia não se lembrar dos nomes das crianças. Não parava de chamá-las Sally e Ron, nomes de sua irmã e de seu irmão. As crianças pensaram que era um jogo que vovó estava inventando. Muriel não tinha tanta certeza.

Foi o marido de Muriel, Carl, quem primeiro percebeu que havia mais coisas erradas com Ruth, além da simples perda da memória relacionada com a idade.

Certa manhã, Carl deu uma passada na fazenda para pegar com Ruth a lista de compras do armazém e encontrou a sogra tirando uma soneca em uma casa cheia de fumaça. Ela pusera um bolo de frutas no forno, ligara-o e fora dormir. O detector de fumaça estava funcionando, mas Ruth tirara o aparelho de surdez e, como lhes contou mais tarde, esquecera onde o pusera. Uma olhada no armário da cozinha revelou mais formas de bolo e panelas com o fundo preto, amplos indícios de que cozinhar era uma tarefa que Ruth já não podia realizar com segurança.

A última gota d'água aconteceu algumas semanas depois, quando Muriel recebeu um telefonema. Ruth estava na agência do correio na cidade, depois de caminhar três quilômetros na chuva. Ela insistiu que se encontrava no banco, queria ver o saldo de sua conta e exigia seu dinheiro. A agente do correio pediu que Muriel viesse buscar a mãe.

Muriel foi. Pegou Ruth, levou-a para casa na fazenda e começou a fazer as malas.

A mudança não fora fácil. Ruth ficou ainda mais confusa e desorientada no novo ambiente. Acusou Muriel e Carl de roubar seu dinheiro e vender a fazenda da família.

As crianças, então com 10 e 4 anos, eram ao mesmo tempo uma bênção e um problema no que dizia respeito a Ruth. Às vezes, enchia-as de afeto e elas deleitavam-se com a atenção. Outras vezes, elas também faziam parte da suposta conspiração para confiscar-lhe os bens.

Aparentemente, Bruce seguia a corrente das oscilações de humor da vovó, mas Susan, que conhecera o amor de uma avó mais estável, sentia dificuldade para aceitar os esquisitos padrões de comportamento que surgiam. Quando Ruth tinha uma de suas explosões verbais, Susan corria para o quarto e ficava lá até a mãe ou o pai lhe assegurarem que a "tempestade" havia passado.

Agora, três anos mais tarde, a paranoia de Ruth acabara, mas o hábito de Susan se retirar permanecia. Muriel tinha esperança de que a filha superasse isso. E gostaria de não se sentir tão culpada em relação às crianças.

– Mur, Mur – Ruth chamou do quarto, o quarto de que Susan abrira mão quando a avó se mudara para lá.

– Já vou, mãe – Muriel gritou, enquanto enxugava as mãos na toalha de mesa e começava a subir as escadas.

Mal de Alzheimer: assunto de família

Com certeza este livro não é a primeira palavra sobre o mal de Alzheimer, nem será a última. É, mais exatamente, uma voz no coro que fala com voz clara a respeito de uma doença que afeta a vida cotidiana de milhões de pessoas em todo o mundo. Pessoas como Muriel e Ruth. Pessoas como minha mãe e sua mãe, nossos pais, maridos, esposas, filhos. Os cuidados e os cuidadores. Os entes queridos e os que os querem bem.

Sou escritora, enfermeira formada e professora. Também fui cuidadora. Mais de trinta anos em hospitais, casas de repouso e experiência em atendimento domiciliar puseram-me em contato com outros cuidadores e seus entes queridos. Mas minha mãe trouxe para casa a realidade do mal de Alzheimer. Em 1980, ela foi diagnosticada com demência senil do tipo do mal de Alzheimer, e eu pude sentir na pele essa experiência por mais de dez anos, desde quando me mudei para minha antiga casa, a fim de ajudar meu pai a cuidar de minha mãe, até ela morrer em uma casa de repouso. Em 1989, decidi que estava na hora de escrever a respeito de tudo que minha mãe estava me ensinando e de tudo que eu estava aprendendo com outros cuidadores.

Depois da sua morte, trabalhei e também fui voluntária em algumas unidades de tratamento especial nos Estados Unidos e no

Canadá. Este livro conta a história do mal de Alzheimer a partir das várias perspectivas de minha vida e de meu trabalho.

As situações que introduzem diversos capítulos deste livro baseiam-se na vida de muitos cuidadores, inclusive na minha própria. Nelas procurei combinar experiências, reminiscências e sentimentos para apresentar a imagem do mal de Alzheimer como ele realmente é.

Este livro é, em princípio, para cuidadores como eu – os que vivem com entes queridos doentes, visitam-nos em casas de repouso e em vários tipos de abrigos, ou que, embora distantes, demonstram solicitude e preocupação. Também tenho esperança de que seja útil para cuidadores profissionais e voluntários que reconhecem a doença como assunto de família. E escrevi-o para os amigos. Sem eles, cuidar seria uma experiência muito solitária.

Além de recorrer a minha experiência e à pesquisa e literatura atualizadas, entrevistei dezenas de cuidadores que me deram permissão para citá-los. Isso orientou certos temas dos capítulos e ajudou-me a focalizar alguns problemas primordiais. A inclusão de apêndices foi planejada tendo em mente o cuidador profissional e os domiciliares, que desejam fontes adicionais de informações mais detalhadas a respeito de pesquisa e medicamentos.

Sempre que as pessoas falam de Alzheimer, perguntas vêm à baila:

- O que faço para saber se meu ente querido tem Alzheimer? Quais são os primeiros sinais e sintomas?
- O que provoca o mal de Alzheimer? É hereditário?

- Como posso ter certeza de que meu amigo ou parente está recebendo um diagnóstico cuidadoso? O que está envolvido no processo do diagnóstico?
- Quais são alguns dos comportamentos estranhos e desconcertantes característicos do mal de Alzheimer? O que faço para controlá-los?
- Existe tratamento específico ou cura?
- Qual é o propósito de todo esse sofrimento?
- Como posso satisfazer minhas necessidades de esposa, marido, filha, filho?
- É normal sentir-me zangado, culpado, deprimido ou ressentido? Como posso lidar com essas emoções?
- Como posso conviver com as necessidades físicas de meu ente querido?
- Que tipos de recursos estão disponíveis para ajudar a cuidar de meu ente querido em casa? Como encontro e pago esse cuidado?
- Como se decide colocar um ente querido em uma casa de repouso? Existe uma hora certa?
- As necropsias do cérebro são importantes? O que faço para aprender sobre elas?
- Como será a morte do meu ente querido? O que essa morte representará para mim?

Examinaremos cada uma destas perguntas em detalhes em capítulos posteriores. Mas, primeiro vamos tentar responder: O que é o mal de Alzheimer? Quem o adquire?

Alguns fatos sobre o mal de Alzheimer

O mal de Alzheimer é um distúrbio ou demência cerebral progressivo e irreversível para o qual não existe nenhuma causa definida, nenhum tratamento definitivo e, até o momento, nenhuma cura previsível. A definição básica permanece a mesma através dos anos, embora a pesquisa médica e científica continue a oferecer esperança para o futuro e também para a geração atual de doentes e cuidadores quanto a meios para melhorar sua qualidade de vida. Isso inclui certos medicamentos aprovados e também intervenções específicas comportamentais, algumas das quais foram objeto de pesquisa.

Demência, a categoria mais ampla de diagnóstico, cujo principal tipo é o mal de Alzheimer, é um declínio das funções intelectuais de gravidade suficiente para interferir nas atividades individuais da vida cotidiana, da carreira, dos relacionamentos sociais. Inclui mudanças de personalidade, perda de memória e do bom senso e dificuldade com pensamento abstrato e orientação.

A palavra *dementia* significa literalmente "perda do juízo" ou "privação da mente". As doenças ligadas à demência são resultado de um ou mais processos doentios que alteram drasticamente o comportamento das pessoas e gradualmente arruínam suas vidas e as vidas de famílias inteiras. O mal de Alzheimer é considerado a principal causa da demência incurável de homens e mulheres acima dos 65 anos de idade, em comparação com outros tipos de demência. É mais comum em mulheres que em homens.

Segundo a Alzheimer's Disease International, mais de 24 milhões de indivíduos sofrem de demência no mundo todo; esta estimativa pode ultrapassar os 80 milhões em 2040.

Embora o mal de Alzheimer geralmente ocorra depois de a pessoa alcançar os 65 anos, com aumento significativo depois dos 80 anos, adultos na faixa dos 40 a 50 anos também podem desenvolver esse mal. Apesar de seu início prematuro ser raríssimo, não é uma doença somente dos idosos ou muito idosos.

No Brasil, não há dados objetivos sobre a doença de Alzheimer, porém é possível, com base em alguns indicadores de outros países – como Estados Unidos e Grã-Bretanha –, estimar sua frequência em nosso meio: trata-se de 6% dos 15 milhões de pessoas com mais de 60 anos sofrendo desse mal. Calcula-se que aproximadamente 5,3 milhões de pessoas estejam sofrendo do mal de Alzheimer no mundo, e, segundo o relatório anual divulgado pela Alzheimer Association em 2009, a partir de 2010 existirão 454 mil novos casos por ano mundo e, em 2050, 950 mil casos.

Além dos danos emocionais decorrentes da doença, o gasto econômico também assusta, já que nos Estados Unidos foram gastos anualmente 148 bilhões de dólares em custos diretos e indiretos ligados ao mal de Alzheimer e outras doenças relacionadas. Embora a maioria dos pacientes com demência continuem a viver em um ambiente familiar amparadas por amigos, parentes e serviços comunitários, atualmente ocupam quase 67% dos leitos de casas de repouso e mais de 52% dos leitos atendidos por serviços médicos domiciliares (*home care*). Sessenta mil mortes por ano são diretamente atribuíveis à demência; aproximadamente 10% das mortes de homens acima dos 65 anos e 15% das de mulheres com idade similar.[1]

Causa principal da morte de pessoas acima de 75 anos, o mal de Alzheimer foi chamado de "doença do século XX", frase atribuída ao escritor e cientista Dr. Lewis Thomas. Com razão, pode muito bem ser a doença do século XXI, uma vez que a população acima de 85 anos tende a duplicar.

O mal de Alzheimer também foi descrito na literatura por cuidadores como "funeral que nunca acaba", "pesadelo do qual nunca se acorda", "outro nome para loucura", "epidemia silenciosa", "lenta morte da mente". Um dos livros mais populares e práticos já escritos sobre o assunto, intitulado *The 36-Hour Day* [O dia de 36 horas],[2] reflete a realidade da vida da maioria dos cuidadores.

Realmente parece que cuidar de um ente querido com uma enfermidade de demência requer mais de sete dias por semana, vinte e quatro horas por dia, sessenta minutos por hora; as dificuldades inerentes ao trabalho de cuidar de alguém acometido pelo mal de Alzheimer são todas reais demais.

---

[1] As estatísticas a respeito do mal de Alzheimer e de demência baseiam-se em informações da Alzheimer's Society. As informações estão em <http:/www.alzheimers.org.uk/site/> e em <http:/www.alz.co.uk>, da Alzheimer's Disease International. Veja também KNAPP, M. et al. *Dementia UK* (Relatório para a Alzheimer's Society sobre a prevalência e o custo econômico da demência no Reino Unido, produzido pelo King's College London e a London School of Economics). London: Alzheimer's Society, 2007.

[2] MACE, Nancy L.; RABINS, Peter V. *The 36-Hour Day*. New York: Johns Hopkins University Press/Warner Books, 1991. Revisado em 2001. Trata-se de um clássico no campo da demência.

Mas as dificuldades não refletem a imagem completa desse quadro. Cuidar pode também ser oportunidade de crescimento. Pode nos tornar mais pacientes, compassivos e corajosos.

Um belo versículo da Bíblia diz: "[O meu servo] não quebra o ramo já machucado, não apaga o pavio já fraco de chama" (Is 42,3). Há esperança para o cuidador que se sente maltratado e machucado na batalha contra o mal de Alzheimer. Não precisamos nos abater.

Há também esperança para nossos entes queridos, por mais esquisito e desconcertante que seja seu comportamento. Como cuidadores, temos oportunidades diárias de avivar as chamas de seus corações e espíritos, enquanto cuidamos deles com amor.

E temos esperança de que nosso coração será elevado e consolado no próprio processo de cuidar, quando descobrirmos em nós e nas pessoas a nossa volta forças inexploradas, não reconhecidas.

CAPÍTULO 2

Em busca da verdade

—A cho que minha mãe está com Alzheimer – uma amiga confidenciou-me pelo telefone certa noite. – Ela tem os mesmos sintomas que sua mãe. Está confusa e esquecida. Não se lembra do próprio nome nem do meu e seu comportamento está muito diferente.

– Há quanto tempo isso está acontecendo? – perguntei, perplexa, porque era a primeira vez que ela mencionava a mudança de personalidade da mãe.

– Há cerca de um mês – disse ela.

Eu expliquei a minha amiga que o estado de sua mãe podia *não* ser o mal de Alzheimer, que se desenvolvia de modo mais gradual, e incentivei-a a levá-la imediatamente ao médico. O diagnóstico foi dado em poucos dias: ela não sofria de Alzheimer. Tinha um tumor cerebral que crescia rapidamente.

Em décadas passadas, Alzheimer era uma das doenças mais difíceis de serem identificadas. Hoje, saiu da obscuridade para ser excessivamente diagnosticada, em especial entre amigos e membros da família que leem bastante sobre o assunto na literatura popular.

Até alguns profissionais de saúde são culpados de fazer o diagnóstico instantâneo. Infelizmente, não é incomum ouvir cuidadores declararem: "O médico de meu marido deu uma olhada nele e disse: 'Ele tem todos os sintomas de Alzheimer. Não é necessário fazer testes'".

Contudo, relatórios de necropsia cerebral indicam que algumas pessoas realmente diagnosticadas com Alzheimer, de fato, não sofriam desse mal. Não mostravam no cérebro nenhuma das mudanças físicas características da doença, embora apresentassem sintomas de demência. (As mudanças físicas características incluem placas senis e emaranhamentos neurofibrilares que se formam no tecido cerebral das pessoas com Alzheimer.)[1]

O mal de Alzheimer não é o *único* processo de doença que causa demência. Há também dezenas de distúrbios com sintomas que se assemelham a ele. Embora alguns desses distúrbios sejam, como o mal de Alzheimer, crônicos e incuráveis, outros podem ser tratados, revertidos ou completamente curados. Muitos não têm absolutamente nenhuma causa relacionada ao cérebro. Al-

---

[1] MENDEZ, M. F. et al. Clinically Diagnosed Alzheimer's Disease; Neuropathologic Findings in 650 Cases. *Alzheimer's Disease and Associated Disorders*, 6, pp. 35-43, 1992. Os resultados da autópsia do cérebro em pessoas previamente diagnosticadas com o mal de Alzheimer mostraram que 78% tinham sido diagnosticadas corretamente enquanto viviam.

guns desses distúrbios também coexistem com o mal de Alzheimer, agravando-lhe os sintomas.

No caso de perda de memória e confusão, há sempre a necessidade de se ter um exame diagnóstico completo, assim que possível. Isso é essencial, independentemente de a confusão ser moderada ou grave, e de qual for a idade da pessoa. O exame deve incluir um histórico e *check-up* completos, vários testes de sangue e avaliação neurológica, psicológica e psiquiátrica. Esta última costuma ser feita por um especialista em psiquiatria geriátrica. Os psiquiatras geriátricos trabalham em ambientes hospitalares e comunitários com pacientes que sofrem de distúrbios mentais funcionais e orgânicos.

O diagnóstico de Alzheimer é um processo trabalhoso de eliminação e exclusão. Em geral, uma única consulta médica e um único teste não são suficientes.

Nunca se sinta culpado por procurar uma segunda opinião. O diagnóstico é difícil. O curso do processo da doença varia enormemente de pessoa a pessoa e há sempre um grau de incerteza.

Membros de grupos de apoio ao mal de Alzheimer são particularmente prestativos para conduzir a médicos sensíveis. Você vai precisar de um clínico geral com quem possa conversar e em quem confiar, porque é provável que passem a se encontrar com frequência. Também será ótimo contar com um profissional que esteja preparado para fazer consultas em domicílio, quando necessário.

Caso você não se sinta à vontade com o médico que seu ente querido consulta atualmente, indague sobre médicos em sua região que sejam especialistas em medicina geriátrica ou neurologia, experientes no diagnóstico e tratamento de enfermidades de demência, ou que estejam dispostos a fazer as recomendações necessárias. Se for preciso, peça informações ao Serviço de Saúde local; a maioria tem informações em *websites* e pode ajudá-lo a encontrar um novo clínico geral.

Avaliar se alguém sofre ou não de Alzheimer não é uma experiência que só acontece uma vez na vida. Alguns testes precisam ser repetidos todo ano ou a intervalos regulares, enquanto a doença progride, principalmente em pacientes de Alzheimer mais jovens.

Os primeiros sintomas são tênues, mas se seu ente querido tem Alzheimer ou algum outro tipo de demência crônica, haverá uma evolução definitiva para pior. O doente de Alzheimer não melhora.

Para sua paz de espírito e para a saúde de seu ente querido, nunca presuma que se trata desse mal até saírem os resultados de todos os testes.

Destaques históricos

Na verdade, lembrando bem, papai começou a agir como se estivesse deprimido depois da cirurgia de colostomia, em 1968. Ele não se julgava normal. Mas, então, houve mais que apenas depressão. Desse ponto em diante, parecia que tudo ia ladeira abaixo. Havia outros sinais. Ele tinha 64 anos.

Como cuidadores, *nós* somos o mais importante instrumento de diagnóstico na busca pela verdade do que causa a confusão de nosso ente querido. Nossas reflexões do histórico de mudanças de comportamento observadas são inestimáveis para o médico.

Embora, em sua maioria, eles queiram interrogar o paciente diretamente, as pessoas que estão nos estágios iniciais do mal de Alzheimer são mestres na arte sutil de "dissimular". Não poucos médicos são enganados pelo comportamento e a aparência perfeitamente normais de indivíduos com Alzheimer em seu consultório. Você sabe que em casa as coisas são diferentes, mas talvez precise de alguns fatos para comprová-lo.

Ao tentar reconstruir um histórico médico e social, há duas palavras-chave para lembrar: *mudança* e *início*.

Quais são as várias mudanças que notou na vida do ente querido nas últimas semanas, nos últimos meses ou anos? Quando percebeu essas mudanças pela primeira vez? Foram graduais no início, ocorrendo por um período de tempo, ou aconteceram de repente?

A estrutura de tempo para o aparecimento e a evolução dos sintomas é indício importante para o médico considerar ao fazer um diagnóstico e decidir que testes realizar. Antes de ir ao hospital ou ao consultório do clínico geral, pense nas características a seguir. Talvez você até queira anotar suas respostas e levá-las com você.

- *Afeto e atitude.* Seu ente querido tem se mostrado insolitamente ansioso, agitado, deprimido, apático ou retraído? Quando notou essas alterações pela primeira vez? Houve algum acontecimento importante associado a essas mudanças, como aposentadoria, mudanças, morte de um amigo ou parente chegado, ou cirurgia?
- *Comportamento.* Que transformações específicas de comportamento você notou? Houve alguma diferença na rotina

diária de seu ente querido? Percebeu alguma mudança marcante de personalidade, como esquecimento? Nesse caso, exatamente o que é esquecido? Com que frequência o esquecimento ocorre?

- *Conversa.* Seu ente querido tem tido dificuldades de linguagem? Tem havido problemas relacionados com a capacidade de falar ou de lembrar determinadas palavras? Uma palavra substitui outra no fim de uma sentença? As frases são misturadas ou confusas? A fala é indistinta ou truncada?

- *Tomada de decisão.* Notou mudanças na capacidade de tomar decisões? Há erros de julgamento? Em relação a quê, especificamente? Seu ente querido está tendo problemas para dirigir? Ele/ela é capaz de fazê-lo com segurança? Ele/ela já saiu perambulando e se perdeu?

- *Remédios.* Relacione os medicamentos que estão sendo usados, os receitados e também os sem receita. Estão sendo tomados corretamente?

- *Ambiente.* Panelas estão sendo queimadas? Há contas não pagas? A correspondência está empilhada? Há indícios de que seu parente está negligenciando as necessidades nutricionais?

- *Família e amigos.* O que outras pessoas – amigos, vizinhos, colegas de trabalho – comentam a respeito do comportamento de seu ente querido?

- *Alterações nos cuidados pessoais e no modo de andar.* Há alguma alteração na capacidade da pessoa para desempenhar atividades cotidianas, quanto aos cuidados pessoais – tomar banho, vestir-se, fazer a toalete? Tem havido mudanças na capacidade de caminhar ou manter o equilíbrio?

- *Hábitos.* Que modificações notou nos padrões de hábitos normais de seu ente querido? Há coisas que agora são simplesmente difíceis demais para fazer, como controlar a conta bancária, cozinhar, limpar, ler, consertar o carro, cuidar do jardim? Existem passatempos favoritos que já não despertam o interesse? Verificou diferenças na habilidade e no desejo de socializar-se com os outros?

- *Enfermidades.* Que sintomas físicos específicos seu ente querido está sentindo? Houve perda ou ganho de peso significativo e recente?

Há um histórico de alguns dos seguintes distúrbios metabólicos como diabetes, doença da tireoide, anormalidades cardíacas ou pulmonares, derrames, vertigens, desmaios, dores de cabeça, tremores, ataques? Há registro de alcoolismo? Seu ente querido caiu ou sofreu algum ferimento recente na cabeça? Houve exposição a produtos químicos tóxicos em casa ou no local de trabalho? Há histórico de transfusão de sangue? Quando e onde foi feita? Há casos de mal de Alzheimer ou perda de memória não diagnosticada na família? Alguma doença nervosa ou mental familiar?

Como cuidadores, precisamos ter certeza de que todos os meios foram tentados na busca da causa da confusão de nosso ente querido. Os fatos que se relacionam com o histórico dele nós mesmos precisamos buscar.

Talvez não seja Alzheimer

No começo dissemos a nós mesmos: "Papai só está ficando velho". Até seu médico disse isso e nos comunicou ser provavelmente apenas o endurecimento das artérias que iam até o cérebro. Então pensamos: "Bem, ele está ficando velho e senil". Mas descobrimos mais tarde que sua confusão não fazia simplesmente parte da velhice. Finalmente, nós o levamos a um médico que o escutou, fez um bom exame e uma dezena de testes e que se dispôs a nos falar mais sobre o que estava acontecendo.

Um bom jeito de começar a busca da verdade sobre a causa da confusão de nosso ente querido é com um exame físico geral. Isso inclui mais que tomar a temperatura, o pulso e a pressão sanguínea.

Mesmo quando a demência primária é causada pelo mal de Alzheimer, pode haver problemas crônicos ou agudos associados. Se esses não forem diagnosticados e tratados, pioram a confusão causada pelo mal de Alzheimer. Por outro lado, alguns desses problemas podem ser a causa da confusão.

Doenças e deficiências crônicas e agudas

Doenças relacionadas com o coração, tais como insuficiência cardíaca congestiva, desordens cardíacas de ritmo e válvula, pneumonia e uma variedade de problemas pulmonares obstrutivos contribuem para a privação moderada ou grave de oxigênio no cérebro. Por sua vez, essa falta de oxigênio causa episódios agudos de confusão e contribui para a demência crônica.

Em alguns casos, o responsável pela confusão é um acúmulo crônico de colesterol que resulta no estreitamento das artérias que fornecem sangue ao cérebro. Isso se chama doença da artéria coronária ou arteriosclerose. A doença das artérias coronárias (geralmente acompanhada de hipertensão) pode, depois de algum tempo, resultar em uma série de pequenos derrames ou infartos cerebrais. Esses miniderrames causam desorientação intermitente que muitas vezes é confundida com o mal de Alzheimer e quase sempre não é percebida, a menos que a pessoa sofra um grande derrame.

Esse fenômeno de miniderrames, com mais frequência visto em homens, é um tipo de demência vascular; costumava ser chamado de demência de multienfarto. A demência vascular é a segunda causa mais comum de demência irreversível nos idosos.

Ao contrário do mal de Alzheimer, a demência vascular quase sempre começa de repente. Seu declínio é variável, embora muitas vezes seja de natureza gradual, com períodos de estabilidade. Pode haver indícios de danos neurológicos locais ou focais, tais como fraqueza muscular de um braço ou uma perna, ou fala indistinta, ao contrário do declínio global mais gradual e generalizado do mal de Alzheimer. Fornecendo o histórico da pessoa, o cuidador ajuda o médico a distinguir entre Alzheimer e a demência vascular.[2]

As pessoas podem sofrer, e muitas vezes sofrem, de demência vascular em combinação com o mal de Alzheimer. Por que é im-

---

[2] MYER, John Stirling et al. Prospective CT Confirms Differences between Vascular and Alzheimer's Dementia. *Stroke* 26, pp. 735-742, 1995.

portante saber que problema está causando a confusão da pessoa?

Os tratamentos médicos e/ou cirúrgicos muitas vezes reduzem a probabilidade de outro derrame, se a confusão relaciona-se com a doença vascular e não com o processo do mal de Alzheimer. Um diagnóstico preciso leva à melhora da saúde.

Há ainda outras doenças que produzem sintomas semelhantes aos da demência progressiva. Essas doenças também são crônicas e irreversíveis, mas os tratamentos e os medicamentos diferem, dependendo de sua especificidade e gravidade. Algumas das mais notáveis são: demência com corpos de Lewy, doença de Huntington, demências frontotemporais, tais como a doença de Pick, a esclerose múltipla, a esclerose amiotrófica lateral, o mal de Parkinson e a doença de Creutzfeldt-Jakob, um distúrbio cerebral extremamente raro. O exame geral de todas essas doenças e uma análise mais extensa da demência vascular estão incluídos no Apêndice B.

Danos ou incapacidades sensoriais também são um fator da confusão. Ocasionalmente, quando pessoas idosas parecem esquecidas ou confusas, estão apenas sofrendo enfraquecimento da visão e/ou perda da audição. As duas condições podem ser corrigidas com cirurgia ou o uso de óculos adequados e aparelhos de surdez.

Deficiências

O cérebro precisa de alimentos nutritivos para sobreviver. O cérebro desnutrido contribui para a confusão, o esquecimento, a irritabilidade e a depressão.

As pessoas – em especial os idosos que moram sozinhos – podem sofrer de muitas condições relacionadas à dieta. Se os idosos esquecem-se de comer ou não comem a quantidade adequada de certos tipos de alimentos, podem terminar com deficiências nutricionais e até desnutrição crônica. O alcoolismo crônico também pode estar relacionado. As duas condições estão associadas a deficiências vitamínicas, as quais podem contribuir para sintomas semelhantes à demência. Se o idoso não bebe água suficiente, a desidratação também se dá rapidamente e concorre para a letargia, a confusão e, algumas vezes, causa alucinações. Do mesmo modo, a sensibilidade a determinados alimentos leva à desorientação.

Depressão

A depressão e a psicose maníaco-depressiva são outras duas condições que lembram o mal de Alzheimer e devem ser sempre consideradas quando há falta de memória.

As pessoas classicamente deprimidas parecem passivas, impotentes, desanimadas e confusas. As respostas comportamentais e intelectuais são mais lentas que o normal. A psicose maníaco-depressiva resulta em mudanças que oscilam entre um estado de excitação ou excentricidade e depressão profunda.

O início da depressão costuma ser mais rápida que a do mal de Alzheimer e é provocada por acontecimentos específicos, como a morte do cônjuge ou a perda do emprego. Com frequência há o acompanhamento de sinais físicos como fadiga, insônia e perda de peso e de apetite. O distanciamento social e o retraimento emocional são sintomas comuns tanto da depressão como do mal de Alzheimer. Um estudo amplo de pessoas com mais de 65 anos indicou que os que experimentavam sintomas de depressão tinham maior probabilidade de desenvolver o mal de Alzheimer.

Pesquisas atuais também indicam que a depressão muitas vezes acompanha o mal de Alzheimer, agravando os sintomas de demência. Embora o mal de Alzheimer não seja curável, a depressão quase sempre responde a medicamentos antidepressivos.[3]

Remédios

Uma das causas mais negligenciadas quanto à confusão provocada em idosos, mas que pode ser corrigida, é a toxicidade medicamentosa. Os efeitos de muitos medicamentos estendem-se muito além dos propósitos terapêuticos para os quais foram planejados. Muitos têm efeitos colaterais potencialmente prejudiciais que incluem depressão, desorientação e outros sintomas semelhantes à demência.

A toxicidade medicamentosa resulta ou do acúmulo de um medicamento específico ou de uma combinação de remédios que produzem efeitos tóxicos com o passar do tempo. Não é incomum o idoso tomar mais de uma dezena de medicamentos diferentes para várias enfermidades, às vezes receitadas por diversos médicos. Alguns desses remédios podem neutralizar outros, quando tomados concomitantemente. Ou podem fazer o oposto e apres-

---

[3] TERI, Linda. Behavioral Treatment of Depression in Patients with Dementia. *Alzheimer's Disease and Associated Disorders*, 8. Supl. 3, pp. 66-74, 1994.

sar a absorção do segundo remédio, muitas vezes até o nível de dose excessiva. Todos os medicamentos, inclusive os que julgamos inofensivos e comprados sem receita, como analgésicos, xaropes e laxantes, têm efeitos colaterais em potencial.

Os remédios têm maior tendência de se acumular no corpo dos idosos por causa da diminuição do ritmo de filtragem nos rins. A má circulação, o metabolismo geral mais lento, a constipação e um nível mais baixo da função de desintoxicação do fígado contribuem para a toxicidade medicamentosa à medida que envelhecemos.

Os medicamentos também afetam desfavoravelmente a absorção apropriada de vitaminas, minerais e outros nutrientes. O uso excessivo de alguns antiácidos, por exemplo, provocam deficiências de tiamina. Tais drogas também contribuem para desequilíbrios nutricionais e eletrolíticos que, por sua vez, criam confusão. Até algo tão comum como um laxante, se tomado indiscriminadamente, descontrola os equilíbrios de fluidos e eletrólitos.

Os idosos às vezes consomem álcool na forma de vinho ou de remédios para a tosse, ou de suplementos vitamínicos líquidos comprados sem receita. O álcool não combina bem com muitos medicamentos. A confusão é um efeito colateral comum.

Quando conduzimos nosso ente querido ao hospital ou ao consultório médico, precisamos levar também a lista de seus medicamentos, receitados e não receitados, ou pelo menos ter um registro correto do que estão tomando e há quanto tempo. Os remédios deverão ser definitivamente considerados fator contribuinte sempre que se suspeitar de demência.

Não se descuide dos testes laboratoriais

> Creio que fizeram todos os testes imagináveis em meu marido para se ter certeza de que ele não sofria de outra coisa que não o mal de Alzheimer. Aos 45 anos, é preciso ter certeza.

Nenhum exame para comprovar o mal de Alzheimer seria completo sem exames de sangue e outros testes laboratoriais. Todos eles ajudam a excluir outras causas possíveis de demência. Embora nem todos os médicos exijam tais testes em qualquer pessoa que demonstre sintomas de demência, pelo menos algum destes, a seguir, com certeza será realizado.

Exames de sangue

O hemograma completo deve ser feito para eliminar a possibilidade de um processo infeccioso agudo ou crônico latente que provoque sintomas similares aos do mal de Alzheimer. Este exame também revela outras condições, tais como leucemia ou anemia. Baixos níveis de hemoglobina e hematócritos contribuem para a desorientação, quando não há um número suficiente de glóbulos vermelhos levando oxigênio ao cérebro.

Exames de sangue mais específicos medem os níveis de ácido fólico e vitamina B12. Baixos níveis de vitamina B12 estão associados à anemia perniciosa. Os sintomas incluem depressão e irritabilidade. Baixos níveis de B12 e folato também produzem sintomas semelhantes à demência.

Diabetes e outros distúrbios metabólicos ou endócrinos contribuem para a irritabilidade acentuada, mudanças de personalidade e confusão. São descobertos por exames de sangue.

Doses anormalmente altas ou baixas de hormônios tireoideos provocam sintomas semelhantes à demência e são descobertos por meio de vários estudos dos níveis de hormônio tireoideo. Níveis irregularmente altos de cálcio e sódio na circulação e baixos níveis de sódio acompanhados de desequilíbrios eletrolíticos também levam a sintomas de demência.

A intoxicação por certos metais, tais como alumínio, manganês, chumbo ou mercúrio, tem sido considerada provável causadora de demência, e também os pesticidas, o monóxido de carbono e os poluentes industriais. Os níveis sanguíneos podem ser testados para muitos deles.

No século XIX, julgava-se ser a sífilis a responsável número um da desorientação. Embora em geral ela não seja uma causa importante hoje em dia, uma completa avaliação para diagnosticar a demência inclui exames de sangue para doenças venéreas. A sífilis ainda existe em muitas regiões.

A Síndrome da Imunodeficiência Adquirida (Aids) é outro processo infeccioso que não pode ser excluído automaticamente. A demência é complicação frequente da Aids. Exames para descobrir a presença do vírus da imunodeficiência humana (HIV) podem ser feitos se os sintomas e o histórico da saúde indicarem a necessidade.

Exames de urina

O exame de urina exclui a infecção aguda do trato urinário que nos idosos causa confusão e também aumenta a desorientação em pessoas que têm um diagnóstico de demência. Trabalhei como enfermeira pesquisadora em um projeto de casas de repouso nos EUA, e minhas análises indicaram que muitos pacientes com diagnóstico de Alzheimer ficavam progressivamente confusos, e os funcionários, a princípio, atribuíram tal comportamento à própria doença, em vez de a uma infecção coexistente. Altos níveis de açúcar e acetona na urina também apontam diabetes e a necessidade de análises clínicas mais extensas. Do mesmo modo, exames de urina e de sangue revelam indícios de dose excessiva de medicamentos.

Exames de líquido cefalorraquidiano

A coluna vertebral faz parte do sistema nervoso central. O líquido cefalorraquidiano (LCR) ou liquor, que circula pela coluna vertebral, também irriga o cérebro.

Alguns médicos recomendam as punções lombares (PLs) como instrumentos de diagnóstico, se houver motivo para supor que ajudarão a excluir um processo infeccioso. Nesse procedimento, uma pequena quantidade de líquido é retirado da coluna vertebral e analisado. Tumores cerebrais, algumas doenças dos vasos sanguíneos e processos infecciosos agudos e crônicos, tais como meningite e tuberculose, que causam desorientação, são diagnosticados por punções lombares.

A mente é importante

Quando minha mãe foi inicialmente diagnosticada com demência senil do tipo de Alzheimer, entrei com ela na sala de exames, para a consulta com o neurologista. Ainda me lembro da "conversa" que minha mãe teve com o jovem residente de neurologia.

– Só quero fazer-lhe algumas perguntas – começou o residente.

– Tudo bem – minha mãe respondeu.

– Em que ano estamos? – ele perguntou.

– 1960 – disse ela.

– Não, estamos em 1980 – ele a corrigiu. – Em que mês estamos?

– Maio – disse ela.

– Não, estamos em dezembro – disse ele. – E que dia é hoje?

– Dia primeiro. Está certo? – perguntou minha mãe.

– Não, hoje é dia dez – ele lhe disse. – Qual é o dia da semana?

– Diga-me você, já que é tão esperto – disse mamãe.

Isso concluiu o exame de estado mental.

Em que ano estamos? Em que mês? Qual é a data de hoje? Qual é o dia da semana? Para a maioria de nós, as respostas a estas perguntas saltam da boca sem muita reflexão. Mas para alguém com perda progressiva da memória, como a do mal de Alzheimer, até as questões mais simples ficam "em branco".

O médico nunca percebeu realmente o comportamento estranho de meu pai. Ele se perguntava se não era imaginação de minha mãe. Até ver os problemas com os próprios olhos, não queria acreditar nela. Finalmente, o médico levou papai para uma sala e lhe fez algumas perguntas. Papai não sabia que era casado. Não sabia qual era sua religião. Não sabia quem era o presidente. Não sabia o mês, nem o dia, nem a estação do ano. Por fim, ele percebeu que minha mãe falava a verdade.

Um neurologista e/ou o clínico geral podem fazer um exame do estado mental ou um exame do miniestado mental. Os vários testes que fazem parte desse exame indicam a capacidade de funcionamento de diferentes partes do cérebro. As perguntas mais complexas dão indícios da causa e da evolução da demência.[4]

Em geral, o exame do estado mental mede o que é conhecido como funcionamento cognitivo. A palavra *cognição*, usada extensivamente por profissionais da saúde ao falar sobre a demência, significa "o processo ou qualidade de conhecer". A cognição inclui nossa capacidade de raciocinar e lembrar, perceber e fazer julgamentos, entender e imaginar – ou seja, as atividades mentais que nos distinguem como seres humanos, especificamente nós.

Tal exame pode ser repetido com o tempo para melhor avaliar o nível de funcionamento e o ritmo de mudança que ocorre em nosso ente querido. As perguntas feitas testam algumas áreas diferentes:

---

[4] Dois exemplos de instrumentos para a avaliação do estado mental estão em: FOLSTEIN, M. E.; FOLSTEIN, S. A.; MCHUGH, P. R. Exame do Estado Mental Mínimo e a Escala de Demência de Blessed-Roth. Mini-Mental State; A Practical Method for Grading the Cognitive State of Patients for the Clinician. *Journal of Psychiatric Research* 12, n. 3, pp. 189-198, 1975; BLESSED, G.; TOMLINSON, B. E.; ROTH, M. Blessed-Roth Dementia Scale. *Psychopharmacology Bulletin* 24, n. 4, pp. 705-708, 1988.

- *Grau de orientação quanto a hora, lugar, pessoa e objeto.* Eles sabem que dia é hoje, onde estão, quem são? Lembram do seu número de telefone e endereço? Estão a par de acontecimentos atuais, como, por exemplo, o nome do Presidente da República? Quando lhes mostram objetos como um lápis ou relógio de pulso, conseguem identificá-los?
- *Memória para o passado remoto e recente.* São capazes de dizer quando e onde nasceram? Sabem o nome dos pais? Conseguem memorizar uma série simples de números ou objetos familiares, cinco minutos depois de lhes dizerem quais são esses números ou objetos?
- *Habilidades matemáticas.* Solucionam cálculos matemáticos simples? Por exemplo, contar de trás para frente, a partir de cem em múltiplos de três ou quatro?
- *Capacidade de raciocínio e julgamento.* Entendem o sentido de provérbios simples, como "Mais vale um pássaro na mão que dois voando"? Se lhes disserem que o fogão está pegando fogo na cozinha, o que eles farão? A reação deles é lógica?
- *Habilidades de leitura, escrita e desenho simbólico.* São capazes de ler? Entendem o que leem? Conseguem construir uma sentença ou um parágrafo? E copiar um desenho simples, tal como dois triângulos ou retângulos sobrepostos? Sabem desenhar o mostrador de um relógio colocam os números apropriados nos lugares certos?

Quase sempre aceitamos nossas capacidades mentais sem discutir. O exame do estado mental lembra-nos do quanto elas são realmente importantes e de como são adversamente afetadas por uma doença como o mal de Alzheimer.

Faça um exame da cabeça

Todos estamos familiarizados com a frase: "Você devia fazer um exame da cabeça". De fato, isso deve ser exatamente o que o médico receita para uma pessoa confusa, que talvez sofra do mal de Alzheimer. Quando minha mãe começou a ter sintomas de perda da memória, a última coisa que ela queria fazer era ir ao médico. "Não confio neles", dizia, quando meu pai e eu insistíamos que fosse a uma clínica próxima.

Finalmente, marquei uma consulta com a enfermeira de nossa cidadezinha. Achei que, sendo ela uma mulher, minha mãe se sentiria mais à vontade e que o pequeno consultório pareceria menos imponente que um hospital.

Eu estava errada nas duas avaliações.

Relutantemente, minha mãe concordou com a consulta, mas não tínhamos completado cinco minutos na sala de espera, quando ela saiu pela porta a toda velocidade. "Estou bem", insistiu. "Estou bem."

Um dia, depois de diversos episódios como esse, recebi no trabalho um telefonema do supermercado local. Mamãe fora vista na cidade fazendo seus costumeiros giros do correio para a mercearia, onde tomava café. O gerente da mercearia notara que minha mãe parecia mais confusa que de costume. "O canto de sua boca está um pouco caído", disse ele. "Ela está com as pernas vacilantes, mas insiste que está bem e não me deixa chamar uma ambulância."

Entrei no carro e levei cerca de cinco minutos para percorrer os 13 quilômetros até em casa. Lá estava minha mãe saindo do banco, inclinada para a esquerda. Eu conhecia os sinais. Parecia que ela tinha tido um pequeno derrame.

– Entre no carro, mamãe – disse eu.

– Não.

– Mamãe, por favor, entre no carro.

– Não – ela insistiu.

Graças a Deus minha mãe era pequena. Desci e consegui colocá-la no carro, prendi-a com o cinto de segurança e guiei até o hospital. Ela protestou o caminho todo, mas acalmou-se quando nos aproximamos da entrada da emergência.

Quando chegamos lá, consegui falar com um médico que eu conhecia. Ele aproveitou a oportunidade para interná-la e então fez uma Tomografia Axial Computadorizada (tc). Pouco tempo depois, o diagnóstico oficial era o de que ela sofria de Alzheimer. Não havia na tomografia nenhum indício de derrame anterior.

Outros cuidadores partilharam suas experiências iniciais com o processo de diagnóstico.

> Minha mulher tinha ido ao hospital consultar o oftalmologista. Um dia o médico disse:
> – Sabe, não faria mal sua esposa fazer uma Ressonância Magnética.
> Perguntei por quê. Ele disse:

– Bem, quando falo com ela, há ocasiões em que não me responde.
– Sei como é isso. Achei que ela estava apenas me ignorando – eu lhe disse.
– Não – disse ele. – É algo muito mais complicado.

O exame neurológico completo para verificar danos mentais incluem eletroencefalograma (EEG), tomografia computadorizada (TC) ou ressonância magnética por imagem (RMI), e podem ser realizados durante o processo de exames ou depois de serem feitos testes mais simples, sem se ter chegado a um diagnóstico.[5]

O EEG mede a atividade elétrica no cérebro. Envolve ligar fios minúsculos chamados eletrodos nas laterais da cabeça usando uma substância semelhante a uma cola. As ondas cerebrais de quem tem Alzheimer podem parecer perfeitamente normais ou mostrar atividade elétrica anormalmente lentas. Os EEGs ajudam a identificar outras causas de demência com sintomas que imitam os do mal de Alzheimer, por exemplo, *delirium tremens* e vários distúrbios como epilepsia, que podem ter passado sem diagnóstico ou sido diagnosticados equivocadamente no passado.

A TC é uma radiografia do cérebro realizada por computador. Normalmente, todos experimentamos certo grau de atrofia ou contração cerebral e perda de peso do cérebro à medida que envelhecemos, devido à redução das células cerebrais vivas. O mal de Alzheimer apressa significativamente o processo de contração celular e morte celular. Tomografias medem a atrofia cerebral, in-

---

[5] TERRY, Robert D. et al. (Org). *Alzheimer's Disease*. 2. ed. Philadelphia/Lippincott: Williams & Wilkins, 1999. Livro escrito para profissionais da saúde, mas que também é excelente fonte de informações detalhadas para cuidadores familiares que buscam referências médicas sobre aspectos de diagnóstico e tratamento da demência.

dicando o espaço entre o crânio e o cérebro em relação à perda difundida de tecido nervoso no córtex cerebral, ou na cobertura externa do cérebro. O diagnóstico de atrofia moderada a grave é feito de acordo com o tamanho de tal espaço. Em geral, quanto maior o grau de demência, maior a atrofia. A atrofia é maior nas regiões frontal, temporal e parietal do córtex.

Os espaços internos do cérebro, ou ventrículos, onde normalmente o líquido cefalorraquidiano circula, também aumenta de tamanho quando a consistência cerebral se enfraquece e é substituída por mais líquido. Certa pesquisa indicou serem a atrofia cerebral e o aumento ventricular maiores em pessoas com suspeita de demência do tipo do mal de Alzheimer, em comparação a pessoas com demência vascular, embora o tamanho ventricular e o grau de demência do mal de Alzheimer não pareçam estreitamente relacionados.

A RMI é uma técnica de exame cerebral desenvolvida mais recentemente; fornece uma imagem mais detalhada que uma TC e pode ser pedida se os resultados desta forem considerados insuficientes para um diagnóstico preciso.

Infelizmente, a TC ou a RMI sozinhas não fornecem um diagnóstico absoluto do mal de Alzheimer. A contração cerebral nem sempre é evidente. Em todo caso, encontra-se a única prova absoluta por meio do exame *post mortem* (autópsia) do cérebro. Mas o que esses exames *podem* fazer, em combinação com outros testes, é eliminar possíveis causas de demência. Os escaneamentos revelam tumores cerebrais, cistos, coágulos de sangue ou hematomas subdurais, que podem ter resultado de quedas ou golpes na cabeça, hidrocéfalo de pressão normal ou excesso de líquido no cérebro e atividade de derrame da demência vascular.

A doença de Pick, demência que, se comparada ao mal de Alzheimer, produz graus menores de perda de memória mas graus maiores de comportamentos sociais e sexuais impróprios, também pode ser descoberta. É evidenciada por atrofia grave na área do córtex temporal do cérebro. Mais uma vez, este diagnóstico não é conclusivo, a não ser pelo exame *post mortem* do cérebro.

Além de EEGs e TCs e RMIs, procedimentos de tomografia de emissão de pósitron (PET), que complementam, mas não substituem os tipos mais comuns de métodos de imagem estrutural, são às vezes feitos em centros de diagnóstico por imagem.

No procedimento de PET, é injetada glicose radioativa no paciente e verifica-se que áreas cerebrais são capazes de metabolizá-la. Se a pessoa sofre do mal de Alzheimer, possivelmente haverá certas áreas "mortas" no cérebro, principalmente nos lobos temporal e parietal, onde não ocorrerá nenhuma atividade metabólica.

Um instrumento diagnóstico ainda mais recente chama-se tomografia computadorizada de emissão única de fóton (SPECT). Os pesquisadores têm esperança de que esse procedimento ajude a separar tipos tratáveis de demência de tipos irreversíveis, como o mal de Alzheimer.

Todos estes exames não são dolorosos, mas certamente assustadores, especialmente para quem está confuso. Em geral, são feitos em hospitais ou clínicas movimentados, em macas ou mesas frias, duras e desconfortáveis, em aparelhos que parecem ter saído de um filme de ficção científica. Se a pessoa não relaxar ou mover-se continuamente, dificilmente serão obtidos resultados exatos; por isso, pode-se pedir uma sedação moderada antes do procedimento.

Talvez seja necessário reafirmar a confiança do seu ente querido, acompanhá-lo ao local do exame (uma coisa para a qual, talvez, você tenha de insistir) e apelar para o senso de humor dele. Um cuidador disse à esposa que fazer uma TC era como ir ao salão de beleza. Quando chegou ao hospital, ela ficou encantada. O aparelho, em forma de tigela, assemelhava-se a um gigantesco secador de cabelos. Quando sua cabeça foi colocada ali, ela caiu imediatamente no sono.

Se os sintomas do doente são recentes, um ou mais dos procedimentos anteriores podem ser realizados. Se os sintomas avançaram e progrediram por vários anos, não têm eficácia. Mas todos são opções a considerar, quando você e o médico que acompanha seu ente querido buscam a verdade.

CAPÍTULO 3

Enfrentar os fatos

Todo dia às 11 horas da manhã, o táxi para na frente da casa com terraço em Victoria Road. O taxista buzina, desliga o motor, acende um cigarro e espera Ralph Murphy, que logo aparece com o guarda-chuva em uma das mãos, uma sacola de compras na outra e um sobretudo atirado aos ombros. Ralph de repente desaparece outra vez porque esqueceu de dar comida ao gato, conferir as bocas do fogão ou apagar as luzes. Mas ele tem 75 anos e tem direito a um pequeno lapso de memória, pensa o taxista.

– Olá, Jack

– Olá, sr. Murphy. O de sempre, certo?

– Certo, Jack. Mesma hora. Mesmo lugar. Todo dia. Você me conhece. Um bom homem não se deixa abater.

O táxi segue seu caminho e finalmente para diante de um edifício de tijolos de dois andares, cercado de azaleias. Na tabuleta sobre a porta lê-se: Solar de Convalescença de Riverview.

– Vejo você às duas e meia – diz Ralph Murphy, entregando a Jack uma nota de dez libras.

– Estarei aqui – diz o taxista. – Diga olá por mim à sra. Murphy.

– Eu direi, Jack. Eu direi.

Já dentro do prédio, ele grita:

– Harriet, querida, estou aqui. É seu Ralph.

Harriet Murphy não se volta para cumprimentar o marido. Em vez disso, olha pela janela, apontando na direção do estacionamento do outro lado da rua.

– O que você está olhando, meu bem?

Harriet não responde. Simplesmente continua a apontar.

– É hora do almoço. Está pronta, Harriet? – pergunta Ralph.

– Faminta – diz Harriet, olhando para o marido pela primeira vez.

– Essa é a minha garota.

Ralph coloca o sobretudo e o guarda-chuva sobre a cama, põe a sacola de compras no colo de Harriet e empurra a cadeira de rodas para fora do quarto. Dirigem-se para o refeitório da casa de repouso, onde uma bandeja está à disposição de Harriet e outra dele, cortesia da administração. Ralph dá a Harriet o almoço e come o seu, como tem feito todos os dias nos últimos quatro anos.

Depois do almoço, saem para o pátio e observam os pássaros no comedouro. Ele lhe fala dos filhos, netos e bisnetos, e depois olham todas as fotos que ele trouxe na sacola de compras.

Então Ralph leva Harriet de volta para o quarto. Dá-lhe um beijo de despedida, diz que a ama, vai até a recepção, brinca com as enfermeiras durante alguns minutos, dirige-se ao saguão, toma o táxi que o espera e vai embora.

– Como foi hoje, sr. Murphy? – pergunta Jack.

– Não muito bem, não muito bem.

Jack não diz mais nada. Sabe que hoje Ralph Murphy só quer descansar e lembrar.

Passou-se muito tempo desde aquele dia em junho. Já faz mais de quinze anos. Mas Ralph ainda se lembra como se fosse ontem. Ninguém se esquece de uma coisa como aquela. Não é todo dia que a esposa acusa o marido de ser estuprador.

Durante uma viagem de carro, eles tinham parado em um posto na estrada.

Ralph descera para comprar sanduíches e café. Quando voltou para o carro, lá estavam eles: Harriet, dois policiais e uma multidão de espectadores.

Antes que pudesse abrir a porta do carro, as perguntas começaram.

– Você é o sujeito que alega ser Ralph Murphy?

– Eu sou Ralph Murphy – ele disse. – Qual é o problema?

– Esta mulher afirma que você a raptou, estuprou-a e a está prendendo contra sua vontade.

A essa altura Ralph começou a rir.

– Qual é a graça?

– Ela é minha mulher – Ralph repetiu. – Minha mulher. Às vezes ela fica muito confusa. Vocês não falaram com ela?

– Sim, falamos – disse o policial. – E você está certo. Ela realmente parecia confusa. Disse que estamos em 1931 e algumas outras coisas que não faziam muito sentido. Suponho que talvez você esteja certo. Você age como se fosse marido dela, mas mesmo assim terá de prová-lo. Há alguém para quem possamos ligar?

– Meu filho. Estávamos indo para a casa dele.

Então Ralph deu o número aos policiais e eles fizeram a ligação. O filho confirmou que Ralph era realmente seu pai, que Harriet era sua mãe e que, sim, ela tinha alguns problemas de memória.

– Se o senhor tem de parar outras vezes no caminho, sr. Murphy – disse o policial –, talvez seja melhor cancelar a viagem. Ou então não perca sua esposa de vista. Acreditamos no senhor, mas da próxima vez pode não ter tanta sorte.

Na manhã seguinte, Ralph e Harriet voltaram para casa.

Na semana seguinte, Ralph marcou uma consulta no centro de saúde. Duas semanas mais tarde, quando saiu do consultório médico com um diagnóstico provisório de Alzheimer, desconfiou que não haveria mais viagens. Ele já não podia mais negar a decadência da esposa.

Os anos seguintes foram o inferno na terra para ele. As suspeitas de Harriet ficaram piores. Ela continuou acusando-o de molestá-la. "Não o conheço. Saia daqui!" ela gritava para ele, se tentasse entrar no quarto.

Quando perguntava, como fazia muitas vezes, o que estava errado com ela, Ralph procurava contar a verdade: "Você tem uma enfermidade na mente", ele dizia. Aí ela ficava transtornada e o acusava de estar maluco.

Então, uma noite ela fugiu. Por sorte ele tinha sono leve. Levantou-se e desceu as escadas aos tropeções, quando percebeu que a mulher saíra. Foi até a ponte e, realmente, lá estava Harriet preparando-se para pular.

Dessa vez Ralph sentiu-se grato ao ver os policiais que estavam patrulhando a área. Eles o ajudaram a pôr Harriet no carro e levá-la para casa.

– Você sabe que vai precisar de ajuda com ela – disse um dos policiais.

– Eu sei – disse ele. – Eu sei.

Três semanas depois, Harriet foi internada no Solar de Riverview. A princípio, ela detestou o lugar. Acusou as enfermeiras, as faxineiras, até o administrador da casa de repouso de molestá-la, de prendê-la contra a vontade. E Ralph sabia que ela conversava com eles a respeito dele. Que pessoa terrível fora para ela. Como era insensível por "desfazer-se" dela dessa maneira.

Mas Harriet estava a salvo. Estava limpa, em forma e alimentada. Cuidavam bem dela. Por isso, ele era grato.

– Mesma hora amanhã, sr. Murphy? – pergunta o taxista, parando na frente da casa com terraço.

– Mesma hora, mesmo lugar. Obrigado, Jack.

Ralph Murphy desce do táxi, paga, acena e começa a subir as escadas. Quando chega ao último degrau, para, vira-se e volta correndo até o táxi que o esperava. Esquecera o sobretudo.

Acabe com os mitos

"Em suma, creio que as principais doenças dos seres humanos tornaram-se quebra-cabeças biológicos acessíveis, futuramente solucionáveis... Derrames e demência senil, câncer e artrite não são aspectos naturais da condição humana e devemos nos livrar desses obstáculos o mais depressa possível", escreveu o Dr. Lewis Thomas em *The Medusa and the Snail* [A medusa e a lesma].[1] Além de doenças crônicas e de demência, outro obstáculo de que devemos nos livrar são os mitos.

Em relação à demência, em geral, e ao mal de Alzheimer, em particular, existem muitos mitos. Há muita ficção misturada aos

---

[1] THOMAS, Lewis. *The Medusa and the Snail*. New York: Viking Press, 1979. pp. 169-170.

fatos que surgem em grande parte por causa do medo e/ou da falta de conhecimento.

Mito número 1: todos os idosos ficam senis

Todas as pessoas confusas envelhecem, mas nem todas as pessoas que envelhecem tornam-se confusas. Cronologia não é sinônimo de confusão.

Na verdade, só cerca de 5% da população entre 65 e 70 anos tem diminuição, moderada a severa, da capacidade intelectual devido à demência. Isso deixa 95% das pessoas nessa faixa etária com mentes que, intelectualmente falando, na verdade funcionam muito bem, embora haja um aumento significativo de casos de Alzheimer depois dos 80 anos de idade.

Qualquer sinal de esquecimento em nossos entes queridos ou em nós mesmos não deve provocar um ataque de pânico. Só porque você esqueceu onde pôs as chaves do carro, perdeu uma consulta marcada no dentista ou não se lembra onde guardou os equipamentos para camping não significa que está nos estágios iniciais do mal de Alzheimer. Casos isolados de esquecimento podem simplesmente estar relacionados à sobrecarga de informações ou a perda natural da memória que todos experimentamos de tempos em tempos.

À medida que crescemos, envelhecemos e nossos cérebros estão incluídos nesse processo de envelhecimento. Todos nós, se vivermos até os 70, 80 ou 90 anos, sem dúvida, experimentaremos um pequeno grau de esquecimento. Isso acontece porque as placas senis e os emaranhamentos neurofibrilares, tão característicos do mal de Alzheimer, estão também presentes nos cérebros que têm envelhecimento normal. Mas, ao contrário das placas e dos emaranhamentos do mal de Alzheimer, espalham-se por todo o cérebro e são em menor número. Embora contribuam para lapsos ocasionais de memória, em especial quando estamos sob pressão, essas mudanças no cérebro não resultam no desenvolvimento da demência em todos.

Mito número 2: quem mantém a mente ativa e lê mais não terá o mal de Alzheimer

O mal de Alzheimer não respeita ninguém. Não conhece limites sociais, sexuais, étnicos, ocupacionais ou educacionais. No momento não há indicações de que o mal de Alzheimer ou qualquer das outras demências incuráveis possam ser decididamente evitados ou protelados mantendo-se a mente e o corpo ativos na juventude e na maturidade. Entretanto, há estudos recentes sobre correlações entre um estilo de vida mais ativo e riscos mais baixos de demência; um possível fator protetor seriam exercícios regulares na meia-idade. Isso poderia, claramente, ajudar a reduzir o risco de certos tipos de demência, tais como a demência vascular, embora a relação entre exercício e mal de Alzheimer seja menos clara.

Mito número 3: o mal de Alzheimer é contagioso

O mal de Alzheimer não é contagioso. Não se pega Alzheimer como se pega Aids ou gripe. Ele não é transmitido pelo sangue nem pelo ar; relaciona-se a um processo específico de doença.

Houve alguma pesquisa conduzida sobre um vírus como possível fator causador, mas atualmente as descobertas indicam a improbabilidade disso. (Veja mais informações no Apêndice C.)

Mito número 4: há muitos tratamentos para o mal de Alzheimer

Até esta data há alguns medicamentos recomendados para tratar sintomas associados ao mal de Alzheimer, mas não há nenhum tratamento definitivo. Entretanto, existem no mundo muitos falsos profetas, ansiosos para pegar nosso suado dinheirinho. Eles defendem curas milagrosas, antídotos e às vezes até tentam apontar uma causa específica para esse mal. Os falsos remédios vão de doses maciças de megavitaminas a terapias com ervas e outras. Quando vemos nosso ente querido deteriorar-se diante de nossos olhos, é natural querermos nos agarrar a qualquer esperança, se existir ao menos a remota possibilidade de ajudar a aliviar alguns dos seus sintomas e retardar o processo da doença. Mas também é natural e do nosso maior interesse fazer perguntas antes de investir dinheiro em algum tratamento que, com o passar do tempo, piore o estado de nosso ente querido. Os argumentos das terapias alternativas devem ser examinados com cuidado.

Quando em dúvida a respeito de um remédio caseiro anunciado ou de um tratamento caro oferecido em algum lugar remoto, o melhor a fazer é não fazer nada, antes de consultar seu clínico geral ou se informar por meio da Sociedade Brasileira de Alzheimer (ABRAZ) ou da Alzheimer's Society e pedir informações quanto a experiências legítimas com remédios experimentais sendo realizadas com pacientes de Alzheimer. Há algumas em andamento. Informações adicionais a respeito dos atuais medicamentos usados para tratar o mal de Alzheimer e pesquisas promissoras estão incluídas no Apêndice C.

Mito número 5: a confusão diminui facilmente se o sangue fluir melhor. Ouvi falar na existência de pílulas para dilatar os vasos sanguíneos

Alguns remédios, chamados *vasodilatadores*, aumentam o diâmetro dos vasos sanguíneos do cérebro. Entretanto, o mal de Alzheimer não é uma doença vascular e muitos médicos acreditam que vasodilatadores são, de fato, prejudiciais a pessoas idosas com demência do tipo do mal de Alzheimer. Os vasodilatadores também dilatam os vasos sanguíneos dos braços e pernas e, na verdade, reduzem a pressão disponível para o fluxo sanguíneo cerebral adequado. A diminuição da pressão sanguínea, tal como a que ocorre frequentemente quando a pessoa levanta-se de repente, resulta em tontura e quedas, principalmente nas pessoas com Alzheimer que têm dificuldade em manter o equilíbrio e a coordenação. Se de algum modo forem usados, os vasodilatadores devem ser tomados com cautela e cuidadosamente avaliados pelo médico e o cuidador.

A questão do alumínio

Embora já se saiba há algum tempo que concentrações de sais de alumínio mais altas que o normal foram encontradas nas células cerebrais de pessoas que sofriam do mal de Alzheimer e de outras demências, muitos pesquisadores acreditavam que o excesso de alumínio era o resultado, não a causa, da doença. Entretanto, há uma crescente quantidade de provas circunstanciais que de algum modo ligam o alumínio ao mal de Alzheimer, e a pesquisa continua.

Entretanto, cuidado com *websites* que promovem terapia de quelação oral do tipo "faça você mesmo", para "curar" o mal de Alzheimer livrando o corpo do excesso de alumínio por meio de um processo de desintoxicação. O único uso seguro deste tratamento e outros similares é sob rigorosa supervisão médica e, até esta data, a maior parte deles tem sido no contexto de experiências clínicas. A Alzheimer's Society declarou que atualmente as descobertas das pesquisas não indicam nenhuma relação causal entre o alumínio e o mal de Alzheimer.

Contudo, seguem-se razões para certa preocupação, que indicam a necessidade de mais pesquisa:

- O alumínio é uma das poucas substâncias conhecidas que causam emaranhamentos cerebrais e perda da memória, quando injetadas em certos animais, embora pareça que os emaranhamentos diferem em estrutura e composição dos que ocorrem nas pessoas.
- O alumínio foi identificado como a causa da "demência de diálise" de que sofrem alguns pacientes submetidos à diálise por causa de doença nos rins. Esse estado foi revertido removendo-se o alumínio do líquido da diálise.
- Algumas pesquisas anteriores no Reino Unido sugerem que a proporção do mal de Alzheimer era aproximadamente uma vez

e meia mais frequente em regiões com níveis mais elevados de alumínio na água, comparados àqueles nos quais o nível era baixo ou inexistente; a metodologia e as descobertas de alguns dos estudos foram questionadas.

O alumínio é um dos metais mais comuns em nosso ambiente. Somos diariamente expostos a suas formas químicas na comida que ingerimos, na água, no chá e no café que bebemos, nos medicamentos que tomamos e até em alguns desodorantes que usamos. Algumas pessoas também experimentam exposição ocupacional à poeira contendo alumínio ou compostos de alumínio.

Nada disso prova que o alumínio contribua para as mudanças degenerativas que causam o mal de Alzheimer. Entretanto, pode ser que algumas pessoas corram risco maior, por causa de fatores genéticos e outros, e se beneficiem com a redução do consumo de alumínio. Por enquanto, talvez seja prudente evitar alimentos que contenham aditivos de alumínio e usar utensílios que não sejam desse material, em especial para cozinhar alimentos ácidos que sabidamente absorvem mais alumínio.

É necessário pesquisar bastante antes de se chegar a uma conclusão definitiva. É útil lembrar que, mesmo se for encontrada uma nítida ligação com o mal de Alzheimer, o risco de qualquer exposição passada ou presente ao alumínio ainda é pequeno. Ferro, zinco e mercúrio são outros três elementos que estão sendo estudados pelos pesquisadores.[2]

---

[2] MARKESBERY, William R.; EHMANN, William D. Brain Trace Elements in Alzheimer's Disease. In: TERRY; KATZMAN; BICK (Org.). *Alzheimer's Disease*. New York: Raven Press, 1994. pp. 353-367.

Atualmente, não há uma vasta série de tratamentos nem cura para o mal de Alzheimer, mas diversos medicamentos estão sendo testados e usados para controle dos sintomas. Também há esperança. O mal de Alzheimer não é um processo normal de envelhecimento. É uma doença, um desvio da norma. E, como aprendemos com a experiência através dos anos, doenças são quebra-cabeças biológicos solucionáveis que talvez um dia nos revelem as razões de sua existência.

Não negue o declínio

Minha tia ficou frustrada. Sabia que havia alguma coisa desesperadamente errada com ela e sentava-se em sua cadeira e choramingava bastante. Tinha sempre esse olhar muito, muito triste. E ela pensava – e nós pensávamos – que ela estava enlouquecendo.

Havia outras coisas, eu me lembro, que eu deveria ter notado em minha mulher. Em novembro de 1976, ela quis que fizéssemos nossos testamentos. Ela não parava de insistir. Imagino se ela sabia de alguma coisa, ou ao menos suspeitava.

"De que adianta viver?", lembro-me de meu marido me dizer quando começou a perder a memória. "Qual é o propósito da vida?"

Os que estão nos primeiros estágios do mal de Alzheimer precisam de todo o apoio que possam receber da família, dos amigos, dos parentes e da comunidade. É necessário assegurar-lhes que não estão ficando loucos, que a vida não acabou para eles, que ainda são amados e aceitos.

A negação é uma reação muito comum diante da descoberta do Alzheimer e dos sintomas iniciais da perda de memória, mesmo antes de ser feito um diagnóstico. Talvez os neguemos porque o comportamento de nosso ente querido não se encaixa em nossas expectativas de uma doença. Muitas pessoas estão acostumadas a equiparar as enfermidades a sinais observáveis. Aqueles com Alzheimer, em geral, parecem saudáveis e alertas. Podem, de fato, ter consideravelmente mais energia do que nós. Em vez de culpar uma doença, atribuímos sua confusão ao mito da senilidade ou a várias mudanças que ocorrem a partir da meia-idade.

> Durante muito tempo não percebi que havia alguma coisa errada com meu marido. Ele era e ainda é muito saudável, embora tenha sido diagnosticado com Alzheimer há mais de quatro anos.
>
> No começo, simplesmente achei que seus problemas de memória faziam parte do envelhecimento e suponho que pensei que, se a mente estava fugindo perversamente, o corpo também devia estar se desintegrando. O dele não estava.
>
> Minha mãe sempre foi um pouco excêntrica e um tantinho solitária. Parecia que ela apenas estava ficando mais excêntrica com o passar dos anos. Ela se afastava cada vez mais da vida depois que se aposentou. Mas se mostrava fisicamente tão saudável que não nos preocupávamos.
>
> Na verdade pensávamos que mamãe estava passando pela menopausa. Ela parecia ter todos os sinais e sintomas, embora fossem um pouquinho exagerados.

Podemos negar por vergonha ou embaraço. Em gerações passadas, as famílias com parentes doentes mentais ou deficientes mentais mantinham-nos "no armário" por assim dizer. Nunca falavam deles fora do círculo familiar mais próximo. E, em alguns casos, as pessoas mantinham os parentes *literalmente* no armário.

Para algumas famílias ainda há um estigma ligado à doença mental e à deficiência mental. Esse estigma persiste na maneira como nos sentimos a respeito de um ente querido com demência.

Talvez também pensemos que as pessoas fora de nosso círculo familiar mais próximo não entendem o comportamento esquisito de nosso ente querido e vão nos condenar. Temos certeza de que vão dizer: "Lá vai o Harry de novo, agindo de modo estranho. Por que Virginia não *faz* alguma coisa?".

Assim, constrangidos pelo comportamento de nosso amigo ou ente querido, tentamos proteger todos os envolvidos de situações potencialmente incômodas ou penosas.

No início não sabíamos o que estava acontecendo com papai. Quando ele começou a agir de modo estranho na frente dos outros, ficávamos constrangidos. Tentávamos disfarçar por causa da nossa vergonha. Na verdade, nós mesmos éramos imaturos.

Minha mulher fazia papel de boba em restaurantes. Dizia coisas sugestivas aos garçons e às garçonetes. Certa vez chegou a beliscar o traseiro de um garçom. Eu ficava mortalmente constrangido e pedia desculpas por seu comportamento. Então, finalmente, parei de sair com ela.

Talvez neguemos porque é difícil demais aceitar a verdade.

Agora minha filha senta-se ao lado da mãe durante horas e a mãe não fala com ela, não a reconhece. Sei que é difícil para ela. Tremendamente difícil. A princípio, minha filha não queria aceitar a doença da mãe. O médico lhe disse: "Você tem de começar a aceitar. Tem de dizer a seus filhos o que acontece. A situação não vai melhorar".

E o médico tinha razão. Não melhorou.

Há também a tendência natural de querermos preservar a vida e os costumes de nossos entes queridos pelo maior tempo possível.

Eu escrevia as cartas de recomendação de meu marido quando ele se candidatava a empregos. Eu sabia que era bobagem. De qualquer modo, ele não seria capaz de fazer nenhum daqueles serviços. Mas eu não queria vê-lo desistir. Suponho que era negação. Ou isso, ou fé cega.

Havia um bocado de negação de minha parte. Eu não queria que as coisas terminassem. Eu não queria que ele não fosse mais capaz de dirigir. De qualquer maneira, sua autoestima estava tão abalada que eu apenas queria que ele fizesse o que podia enquanto fosse possível... Então eu o deixava guiar, mesmo quando eu sabia que ele não estaria seguro na rua. E rezava bastante.

É muito fácil para nós, cuidadores, negar a verdade porque nossos entes queridos também a negam. Eles fazem esforços tremendos para compensar suas faculdades em declínio.

Tenho certeza de que meu marido estava com Alzheimer vários anos antes de ser diagnosticado. Mas ele sempre foi muito bom em esconder sua perda de memória. Brincava bastante sobre o assunto, dizendo que, ao ficar mais velho, tinha tantas coisas em que pensar que era mais fácil esquecer. Eu achava que isso fazia sentido.

Às vezes os profissionais da saúde não ajudam nossa situação e há ocasiões em que até a pioram. Mesmo os médicos não estão imunes ao mito da senilidade.

Durante três anos meu marido disse aos médicos que estava tendo problemas de memória. Durante três anos os médicos não pararam de lhe dizer: "Todos têm, quando chegam a certa idade".
Por fim, as coisas ficaram tão ruins que meu marido não conseguia mais realizar seu trabalho. Finalmente eles começaram a escutar.

No caso do mal de Alzheimer, às vezes sentimos como se preferíssemos não saber. Mas a ignorância não é realmente satisfatória. Estar prevenido é armar-se de antemão. Há seis boas razões pelas quais, mais cedo ou mais tarde, temos de parar de negar.

Seis razões para enfrentar os fatos

1. A informação afugenta o medo

O reconhecimento precoce do mal de Alzheimer ajuda-nos a lidar com nossos medos de modo mais realista. Uma das razões de o mal de Alzheimer ser tão assustador é que ele nos faz sentir fora de controle. Não podemos impedi-lo, detê-lo nem fazê-lo parar. Uma das melhores maneiras de minorar esse medo é por meio do conhecimento e da compreensão da própria doença. Há muitas fontes respeitáveis das quais podemos obter informações confiáveis. Quanto mais informações tivermos para as quais recorrer, mais capazes seremos de lidar com essa devastadora doença.

Uma das melhores fontes de informações confiáveis é a Alzheimer's Society. A Alzheimer's Society (antes Alzheimer's Disease Society) foi fundada em 1979 e formaram-se muitas filiais regionais bem como grupos de apoio de parentes em muitos países. Muitos têm *websites* com extensas informações sobre todos os aspectos da doença e recursos materiais para cuidadores. A Alzheimer's Society faz tudo isto:

- apoia a pesquisa das causas e curas possíveis para o mal de Alzheimer e outras formas de demência;

- ajuda a organizar grupos de apoio aos cuidadores para auxiliar, incentivar e instruí-los;
- patrocina programas educacionais e fornece informações sobre o mal de Alzheimer e outros distúrbios relacionados, para cuidadores profissionais e não profissionais;
- presta serviços advocatícios e oferece orientações legais para cuidadores e pessoas acometidas por Alzheimer.

No Brasil, pode-se consultar a Associação Brasileira de Alzheimer (ABRAZ).

Quanto antes estivermos a par das informações e dos recursos disponíveis, menos probabilidade teremos de enfrentar uma crise mais tarde, quando problemas administrativos tornam-se cada vez mais difíceis e precisamos de ajuda externa.

2. Nossos entes queridos precisam ser mantidos em segurança

A negação torna-se perigosa – em especial para o ente querido que vive sozinho, como muitas pessoas nos primeiros estágios do mal de Alzheimer. Se corre perigo de cair ou incendiar a casa por causa de esquecimento, ou de perambular e se perder, chegou a hora de intervir ativamente, querendo ou não. A independência não é uma coisa a ser preservada indefinidamente para alguém com Alzheimer.

Esse reconhecimento do perigo não significa desarraigá-los e fazê-los mudar para nossa casa, mas sim lhes proporcionar segurança de maneira prática, como contratar cuidadores domiciliares ou um acompanhante permanente.

3. Nossos entes queridos podem beneficiar-se com a pesquisa em andamento

A maioria dos medicamentos atualmente receitados para pacientes com Alzheimer foi usada primeiro em experiências clínicas, e muitos cuidadores também dão a remédios experimentais o crédito de aliviar alguns dos sintomas da doença em seus parentes. Experiências com remédios estão sendo conduzidas no mundo todo em vários hospitais e centros de pesquisa. Quanto antes se fizer o diagnóstico, maior a possibilidade de um paciente de Alzheimer qualificar-se para um programa, se desejar. Grupos ou organizações de apoio locais ou regionais ajudam a identificar várias localidades onde estão sendo feitos estudos. A Alzheimer's Society também fornece informações. (Veja também Apêndice C)

4. A família toda deve desempenhar um papel nos cuidados

O mal de Alzheimer é assunto de família. Na maioria das vezes, cônjuges, irmãos, filhos, netos, bisnetos e outros parentes por afinidade são envolvidos. Todos têm funções e responsabilidades quando se trata de cuidar de uma pessoa com Alzheimer, e uma comunicação franca logo no início da doença é importante para assegurar que o fardo dos cuidados seja compartilhado.

5. É preciso tomar providências financeiras

O mal de Alzheimer não só arruína a mente; também prejudica as finanças e a conta bancária da família. Há muitos custos ocultos incluídos nos cuidados em casa e o potencial do cuidador para ganhar dinheiro é obviamente afetado. As providências domésticas, os cuidados em casas de repouso e os atendimentos domiciliares são todos caros, por isso é melhor examinar todas as opções. A provisão de cuidados pessoais proporcionada em casas de repouso por intermédio dos serviços sociais é uma atividade que avalia a situação financeira com base na renda e nas economias, para determinar que custos são de responsabilidade da pessoa que recebe os cuidados. As expectativas de tratamento prolongado – com custos que continuam a aumentar – criam pânico. Os tratamentos contínuos patrocinados pelo Serviço Nacional de Saúde, por exemplo, não são inteiramente gratuitos. É importante estar a par dos benefícios disponíveis para os cuidadores e os pacientes de Alzheimer e reivindicar aqueles a que se tem direito.

O melhor conselho para os cuidadores é estarem cientes dos aspectos legais que governam as condições e o cuidado de idosos em várias situações. No estágio mais inicial possível, precisam pensar em obter uma procuração permanente que lhes permita gerenciar os negócios do ente querido, quando for necessário. Muita gente não sabe, mas no Brasil desde 1988 pessoas portadoras de doenças graves, como o mal de Alzheimer, por exemplo, tem isenção do Imposto de Renda.

A Alzheimer's Society publica informações sobre vários aspectos de arranjos legais e financeiros e também dá conselhos relevantes para situações específicas.

6. É preciso planejar o futuro

O diagnóstico inicial de Alzheimer dá ao cuidador e ao ente querido bastante tempo para pensarem juntos a respeito do que fazer ao longo de muitos anos. Por isso, pense *agora* sobre como viver o futuro. Por exemplo, talvez vocês queiram antecipar a aposentadoria ou fazer aquela viagem que vêm adiando.

A perda da memória nos estágios iniciais do mal de Alzheimer não significa que as pessoas sejam incapazes de tomar decisões racionais. Ao contrário, precisam estar envolvidas no planejamento de seu futuro, no maior grau possível. Isso pode incluir a difícil decisão de saber se querem ou não ser ressuscitados, se tiverem uma parada cardíaca ou respiratória nos últimos estágios da doença.

O mal de Alzheimer é doença fatal. Tem sido chamado de doença terminal que resulta na lenta morte da mente. Como acontece com qualquer doença terminal, negar é uma reação inicial natural. Nossa negação do mal de Alzheimer age como amortecedor. Suaviza o golpe para no início proteger-nos da dor emocional e da aflição que, de outra maneira, podemos não conseguir dominar. Contudo, admitir finalmente que nossos entes queridos sofrem mais do que de "apenas uma pequena perda de memória", é um alívio – para eles e para nós.

Uma cuidadora que entrevistei falou-me de uma experiência pela qual seu filho pequeno passou. Eles estavam em um piquenique na praia, perto de um grupo que sofria de deficiências físicas e mentais de moderadas a graves.

"Muitas das outras crianças pareciam ter medo deles", disse a cuidadora. "O comportamento deles era um pouco diferente e muitas crianças pareciam estar evitando-os intencionalmente. Elas se afastavam. Mas não meu filho. Ele disse: 'Olhe, mamãe. Ali estão alguns doentes do hospital'.

Meu filho com certeza não tinha medo deles. Caminhou diretamente para o grupo, estendeu a mão, cumprimentou-os e se apresentou. Acho que isso teve muito a ver com o fato de passar bastante tempo com a avó que tem Alzheimer. Ele está acostumado a estar perto de pessoas com um comportamento diferente."

Podemos aprender muito com essa criança. Como cuidadores precisamos ter a coragem de caminhar até a doença, olhá-la honestamente nos olhos e apertar-lhe a mão. Temos de dizer: "Não tenho medo de você e não vou negar sua existência". E é essencial falar a nosso ente querido: "Eu amo você. Não tenho vergonha de seu comportamento. Lutaremos juntos contra esta doença". É esse tipo de atitude realista e saudável que nos leva além da inevitável negação e nos move à aceitação.

CAPÍTULO 4

O que acontece no andar de cima?

Bem, aqui estavam eles de novo. Eram quatro horas da tarde de uma sexta-feira e eles dirigiam-se para o restaurante. Precisamente às três horas da tarde, Ana começara a andar para cima e para baixo, para cima e para baixo na cozinha de casa, repetindo a mesma velha pergunta: "Quando vamos? Quando vamos sair?". A mesma pergunta que fizera quase toda tarde nos últimos seis meses.

Sam não conseguia entender.

Sua filha tentara explicar-lhe: "Faz parte da doença, papai. Ela não pode evitar. Quem tem Alzheimer muitas vezes se repete vezes sem conta".

Essa era a doença mais detestável que ele já vira. Por que ela não tinha ficado diabética ou quebrado o quadril? Com esses problemas dava para conviver. Mas, não, Ana tinha de ficar senil.

O engraçado é que ela sempre fora tão talentosa! Sempre lendo algum livro. Fazia as declarações de imposto de renda. Controlava o talão de cheques. Pagava as contas.

Agora Sam tinha de fazer todas essas coisas sozinho. Coisas que não gostava de fazer. Ele nunca tivera cabeça para números. Ana era o cérebro deles dois.

Ele com certeza não esperava que a aposentadoria fosse desse jeito. Eles deveriam poder descontrair e aproveitar a vida depois de quarenta anos de trabalho na fábrica. Os dois. Quarenta anos cada um. Tinham se aposentado ao mesmo tempo, cinco anos atrás. Planejavam mudar-se para o interior.

Ah, uma cidadezinha pequena! Ana não conseguia nem virar a esquina sem se perder. Imagine o que aconteceria se fossem para uma outra cidade! Talvez ela acabasse perdida em algum lugar ermo com Sam à procura dela. Ambos morreriam por ficarem expostos às intempéries.

Ela também esquecera como cozinhar. Ana sempre fora uma cozinheira tão boa! Nada sofisticado. Só uma carne simples com batatas. Mas carne e batatas saborosas. E a comida sempre pronta quando Sam tinha fome. Eles adoravam comer juntos. Depois do trabalho, Ana preparava uma ótima refeição, assistiam ao jornal na tevê ou iam até a casa da filha para passar algum tempo com os netos. Isto é, até o marido da filha ser transferido para o exterior, o que acabou com esse programa.

Agora Sam e Ana não comiam muito em casa, exceto quando Sam cozinhava, e ele detestava cozinhar. Nunca soube sequer cozinhar um ovo da maneira certa ou mesmo fazer uma boa xícara de café. E ele gostava de ovo cozido e de café.

Cozinhar, limpar, pagar as contas. Agora Sam tinha de fazer todas essas coisas, porque não tinha quem fizesse por ele. "É demais", pensava, "é demais!"

– Quando vamos chegar? Quando vamos chegar?

Ana interrompeu o devaneio de Sam, quando o carro parou no restaurante, a 11 quilômetros de casa.

– Chegamos, meu bem, chegamos.

– Ótimo. Vamos comer – disse Ana.

Sam abriu a porta, foi para o outro lado do carro e ajudou Ana a sair. Ela repeliu a mão dele como se fosse uma mosca e subiu correndo a escada do restaurante.

– Oi, Sam. Oi Ana. Querem um cardápio? – perguntou Bill, o proprietário.

– Não, você sabe que não precisamos – Sam disse, enquanto se sentavam em uma das mesas perto das janelas.

– Cardápio. Cardápio. Cardápio – disse Ana.

– Oh, está bem. Dê-nos um cardápio. Ela olha. Eu faço o pedido.

– Parece que ela está ganhando um pouco de peso outra vez. Você também. Isso é bom, hein, Sam? – disse Bill.

– Sim – disse Bill. – Ana nunca come muito quando estamos em casa. Acho que ela não gosta da minha comida. Acho que é por isso que você fatura tanto... por causa de gente como nós.

– Então, o que vai ser hoje?

– O de costume. Dois ovos com fritas. Dois cafés.

– Não – disse Ana, olhando por cima do cardápio e lançando um olhar feroz para o marido. – Não. Não. Não.

– Oh, eu ia me esquecendo – disse Sam – e dois pedaços grandes de torta de maçã.

Ana sorriu.

– Dê-me o cardápio, Ana – disse Sam.

– Não. Não. Não. Não.

– Tudo bem, Sam. Ela pode ficar com ele.

– Obrigado, Bill. É bom ela ter alguma coisa para ver, enquanto esperamos. É bom ela ter alguma coisa para ler. Ela sempre gostou de ler. Eu me pergunto, o que deu errado? O que deu errado?

"Minha cabeça está toda confusa. Como isto", certa vez mamãe me disse, erguendo um novelo embaraçado de lã púrpura que ela estava tentando transformar em um de suas famosas colchas de crochê.

Confusão. Embaraço. Como um novelo de lã lentamente desenrolado por um gatinho. É uma imagem bastante exata de alguém com os sintomas do mal de Alzheimer.

O mal de Alzheimer não é o resultado normal do envelhecimento. Relaciona-se com o processo de uma doença específica. Mudanças patológicas muito distintas têm lugar no cérebro. Sob um microscópio algumas dessas mudanças parecem-se realmente com um novelo de lã emaranhado.

Quando alguém que amamos está "todo confuso" por causa de uma doença que causa desorientação, como o mal de Alzheimer, é importante ter tantas informações quanto possível para entender melhor o processo da doença.

Mas para entender o que está errado, precisamos primeiro dar uma olhada no que é normal. Como nossos cérebros devem funcionar? Como são estruturados? Afinal de contas, exatamente o que acontece dentro de nossa cabeça?

O cérebro é, de modo bastante literal, o quartel-general do restante do corpo. É o escritório central, a torre de controle, o ponto de encontro de uma vasta rede de nervos que controlam toda a nossa atividade consciente e afetam também nossos atos inconscientes.

Quando se olha para ele, o cérebro não parece grande coisa. Exteriormente, mais parece uma noz de pouco menos de 1,5 kg. Mas, por baixo do exterior cinzento e convoluto do cérebro, aloja-se um sistema complexo de armazenamento e recuperação de informações que é responsável por memória, pensamentos, linguagem, comportamento e emoções.

O cérebro consiste em três partes principais: o grande cérebro (as partes derivadas do telencéfalo), o cerebelo, ou pequeno cérebro, e o tronco cerebral.

O *grande cérebro* enche quase toda a cavidade do cérebro e consiste em dois hemisférios envoltos em uma cobertura exterior chamada *córtex cerebral*. Essa "substância cinzenta" é associada a nossas funções mentais mais elevadas.

O *cerebelo*, localizado na parte de trás da cavidade do cérebro e abaixo do grande cérebro, é responsável pelo equilíbrio e coordena a atividade muscular.

O *tronco cerebral* liga o cérebro à coluna vertebral e controla as funções vitais da respiração e da circulação.

Para exemplificar como funciona um cérebro normal e entender melhor o que sai errado quando alguém é acometido pelo mal de Alzheimer, vamos examinar a atividade específica a que nossos cérebros se dedicam todo dia: tomar decisões.

Como nossos outros órgãos, o cérebro é formado por bilhões de células microscópicas e, no seu caso, essas células são chamadas neurônios. Cada neurônio compõe-se de um núcleo celular ou *soma*, ramificações curtas chamadas *dendritos* e uma estrutura longa, filiforme, chamada *axônio*. Os dendritos de uma célula conduzem a estimulação recebida de outras células; o axônio transmite ou transporta sinais nervosos para fora da célula ou soma. Na extremidade de terminais do axônio há espaços ou junções conhecidos como *sinapses*.

Digamos que decidimos visitar um vizinho.

Não podemos fazer isso apenas com nossos pés. Eles não se moverão sozinhos. Temos de comunicar a nosso cérebro o desejo de dar um passeio. O cérebro transmite a mensagem para nossos pés.

Um impulso elétrico que se origina em uma ou mais células transmite a mensagem para andar até a casa do vizinho. Esse impulso passa dos dendritos através do axônio e prossegue para os brotos ou ramos que surgem através do terminal do axônio até a sinapse. Depois de o impulso elétrico de nossa mensagem alcançar essa sinapse, ele precisa, de algum modo, abrir caminho por ela e comunicar-se com os receptores dos dendritos de um neurônio vizinho. O impulso faz isso estimulando a liberação de substâncias químicas chamadas *neurotransmissores*. Há muitos neurotransmissores diferentes. Um muito importante é a *acetilcolina*. Acredita-se que seja responsável pelos atos de pensar e lembrar, ou desempenha um papel essencial nesses atos, e tem importância especial no processamento da memória recente ou de curto prazo.[1]

---

[1] Outros neurotransmissores que estão sendo estudados são a norepinefrina, a serotonina, a somatotastina e o fator que libera a corticotropina. Acredita-se que todos são deficientes nas pessoas que sofrem do mal de Alzheimer.

Depois de serem liberados, os neurotransmissores passam pelo espaço sinático e se ligam à superfície dos dendritos receptores em locais específicos chamados *receptores*. Isso estimula a liberação de uma substância química de alta energia que liga o impulso elétrico no neurônio seguinte ao longo do caminho.

Em seguida o cérebro diz a nossos pés para fazerem uma caminhada.

Esse processo de transmissão de mensagem cerebral é, na verdade, fascinante, parecido com uma bem-feita colcha de crochê. É evidente que o cérebro, como o restante de nosso corpo, constitui uma complexa composição, que, espantosa e maravilhosamente, nos permite agir de maneiras surpreendentes.

O que está errado?

Tentei explicar-lhe de modo que entendesse. Disse a meu marido que estar com Alzheimer era como ter um carro com os fios desconectados. Disse-lhe que ainda não haviam descoberto um jeito de religar os fios em seu cérebro. Pareceu-me que ele aceitou isso.

Acho que meu filho fez uma descrição melhor. Disse que há uma porção de tomadas no cérebro e uma a uma elas vão deixando de funcionar.

Meu marido começou a agir de maneira realmente estranha no verão de 1979. Em novembro, ele estava pior. Insisti para que fosse ao médico, mas ele recusou.

Ele sempre tomava um banho de chuveiro pela manhã. Se estivesse envolvido em alguma atividade, tomaria outro ao meio-dia. E também uma "chuveirada" à noite. Mas naquele outono ele descuidou-se e passou a não tomar banho nenhum. Nem mesmo trocava de roupa. Parecia profundamente deprimido.

Se eu lhe dissesse qualquer coisa sobre o que estava fazendo, ou deixando de fazer, ele ficava zangado. Eu sabia que havia alguma coisa errada e ele também sabia, mas não queria admitir.

Um dia nosso filho veio nos visitar. Ele disse: "Sabe, algumas coisas que você está fazendo não combinam com você. Você não acha que mamãe devia marcar uma consulta para você ir ao médico?".

Acho que meu marido precisava ouvir isso de nosso filho, porque, mais tarde naquele dia, ele voltou para casa e disse: "Você está certa. Tenho de consultar um médico. Tenho de descobrir o que está errado comigo".

O ano era 1906. O país, a Alemanha.

Ele era psiquiatra e neuropatologista. Ela, uma dona de casa de meia-idade que passara por profunda perda de memória, déficits de linguagem, desorientação, confusão, depressão, insônia, paranoia e alucinações.

Ela era paciente dele. Morreu em um hospício em Frankfurt, aos 55 anos de idade. Depois da morte dela, o Dr. Alois Alzheimer, que trabalhava na escola médica de Munique, apresentou os resultados de um exame *post mortem*.

Quando olhou no microscópio e, usando um corante de prata especial, examinou um pedaço do tecido cerebral da paciente, descobriu duas anormalidades assustadoras, dentro e fora das células cerebrais.

O tecido que estava no interior dos corpos das células ou núcleos de neurônios exibia um número anormalmente alto de finas fibras nervosas ou filamentos, torcidos ao redor uns dos outros. Alzheimer chamou essas fibras torcidas de *emaranhamentos neurofibrilares*.

Também viu um número elevado de placas localizadas entre células cerebrais, compostas de dendritos terminais em degeneração ou extremidades nervosas destruídas que continham células mortas e depósitos de proteína amiloide. Essas anormalidades eram conhecidas como *placas senis ou neuríticas*. Haviam sido identificadas antes no tecido cerebral autopsiado de pessoas muito mais velhas.

Durante muitos anos depois de 1906, acreditou-se que esse emaranhado característico e essa configuração de placas ocorria principalmente em quem tinha menos de sessenta anos; o mal de Alzheimer era considerado "demência pré-senil". Qualquer pessoa que demonstrasse sinais de confusão depois dos 60 ou 65 anos era simplesmente rotulado de "senil" ou dizia-se que tinha uma síndrome cerebral orgânica crônica, mais comumente conhecida como SCOC. Em toda parte, a senilidade da velhice foi culpada pela má circulação sanguínea ou o chamado endurecimento das artérias e se pensou que a causa fosse um processo aterosclerótico desenvolvido nas artérias do cérebro.

Mas, nos anos seguintes, a pesquisa finalmente alcançou a realidade. Na década de 1960, quando pesquisadores britânicos começaram a comparar os cérebros de vítimas de demência mais jovens com os de vítimas mais velhas, o microscópio eletrônico provou o que muitos já suspeitavam: a causa principal de sintomas semelhantes à demência tanto em vítimas mais jovens quanta nas mais velhas era de fato uma só e a mesma. E não era um fenômeno tão raro quanto se pensava.

Os pesquisadores acreditavam que as placas fibrosas e os emaranhamentos neurofibrilares atrapalhavam a passagem de sinais neuroquímicos entre neurônios, o que resultava em perda de memória e prejuízos nos processos e na maneira de pensar.

Em geral, quanto maior a quantidade associada de placas, emaranhamentos e morte celular, maior o grau do distúrbio na função intelectual. Essas mudanças no cérebro aconteciam com o passar do tempo e eram responsáveis pela natureza progressiva da doença. E embora houvesse uma diminuição do fluxo sanguíneo no cérebro das vítimas de Alzheimer, essa diminuição não era causada por aterosclerose, mas por morte das células cerebrais provocada pelo processo do mal de Alzheimer.

Na década de 1970, os pesquisadores descobriram outra anormalidade associada ao mal de Alzheimer, relacionada especificamente com mudanças neuroquímicas e a acetilcolina do neurotransmissor, normalmente fabricada no cérebro por uma enzima conhecida como *colina acetiltransferase*.

No tecido cerebral autopsiado de pessoas com placas e emaranhamentos característicos, a colina acetiltransferase e a acetilcolina estão reduzidas ou presentes em quantidade decrescentes. Sem o estímulo para a neurotransmissão, os sinais (as mensagens) são incapazes de atravessar a lacuna sináptica de neurônio a neurônio. Quando as células nervosas não se comunicam umas com as outras, acontece um distúrbio. Essa perda neuroquímica, bem como o aparecimento de placas e emaranhamentos, ocorre primordialmente em duas áreas do cérebro: o córtex e o hipocampo.

O córtex ou superfície exterior do cérebro compõe-se daqueles corpos das células que nos permitem raciocinar, lembrar e falar. Além de experimentar a perda neuroquímica, o córtex das vítimas de Alzheimer em geral encolhe ou atrofia, diminuindo a área exterior do cérebro.

O hipocampo é um pequeno feixe de células localizadas no lobo temporal. É extremamente importante para a função da memória de curto prazo e também faz parte do sistema límbico. Esse sistema, ativado por comportamento e estímulo motivados, influencia os hormônios e o sistema motor autônomo, que controla funções corporais involuntárias. É chamado "a sede de nossas emoções".

Não se sabe o que é realmente responsável pelo desenvolvimento de placas e emaranhamentos e pela morte de células que produzem acetilcolina. Pesquisadores do mundo todo examinam possíveis causas ou combinações de causas que incluem fatores genéticos, um vírus lento, anormalidade no sistema imunológico, agentes infecciosos, substâncias tóxicas no ambiente, déficits metabólicos e anormalidades no estado de conservação do DNA. O apêndice C inclui uma visão mais detalhada da pesquisa relacionada às causas.

O mal de Alzheimer é mais especificamente chamado de demência pré-senil ou demência senil do tipo do mal de Alzheimer, dependendo da idade do início. A primeira geralmente ocorre antes dos 65 anos, a segunda, após esta idade.

Nossos cérebros são realmente feitos de maneira impressionante e maravilhosa, mas às vezes as coisas dão errado com este complexo computador que nos controla – coisas que nos esforçamos para entender.

Como perceber os sintomas

"Percepção tardia é sempre melhor que presciência", reconheceu um cuidador. "Acho que não percebi os sintomas de minha mulher antes porque eu estava com ela o tempo todo. As mudanças foram tão sutis, tão gradativas..."

É possível que a coisa mais notável quanto aos primeiros estágios do mal de Alzheimer seja não ser notável. Parece que os sinais se aproximam e nos pegam desprevenidos, surpreendendo-nos e a nossos entes queridos. Com a passagem do tempo, a deterioração física e mental do mal de Alzheimer fica cada vez mais pronunciada.

Embora não haja duas pessoas nas quais a doença avance no mesmo ritmo nem exatamente de acordo com os mesmos sintomas, há algumas mudanças caraterísticas de comportamento e personalidade peculiares a cada estágio da enfermidade. Saber quais são essas mudanças ajuda a melhorar a sua qualidade de vida e do seu ente querido. Entender os sinais e sintomas do mal de Alzheimer é fator fundamental para auxiliar nesse processo.[2]

De dois a quatro anos é a duração média do primeiro estágio do mal de Alzheimer. Os sintomas iniciais incluem algumas ou todas as mudanças seguintes:

---

[2] O mal de Alzheimer está representado de várias maneiras na literatura de pesquisa; a evolução nas pessoas nunca é exatamente igual.

- *Perda de memória*. Acontecimentos recentes são esquecidos. A capacidade de concentrar-se, aprender novas coisas e processar novas informações é progressivamente perdida. As contas deixam de ser pagas ou são pagas diversas vezes. As contas bancárias são deixadas a descoberto quando a pessoa tem dificuldade para somar, subtrair e controlar o talão de cheques. Os nomes de pessoas conhecidas e amadas também são esquecidos.
- No início, os que são acometidos pelo mal de Alzheimer geralmente se mantêm equilibrados escrevendo bilhetes para si mesmos. Mas, à medida que a doença progride, não mais se lembram dos bilhetes. É comum negarem que sentem esses sintomas ou os racionalizarem enquanto lutam para preservar sua autoestima e identidade.
- *Confusão e desorientação*. Com frequência a confusão relaciona-se com tempo e espaço. Os doentes de Alzheimer às vezes se perdem no caminho ou chegam a um lugar e não sabem onde estão nem como ir para casa. O dia e o mês também são esquecidos.
- *Distúrbios da fala e de linguagem*. Pode haver uma incapacidade progressiva para nomear objetos ou terminar sentenças. A pessoa busca palavras e frases. Palavras e frases erradas substituem as corretas esquecidas, condição conhecida como *confabulação*. Também pode ocorrer a *circunlocução*, quando mais palavras que as necessárias são usadas para expressar uma ideia.
- *Julgamento enfraquecido*. Há falta de discernimento e crescente incapacidade de discriminar, entender e seguir direções. A ha-

bilidade para dirigir diminui cada vez mais; a pessoa atravessa sinais fechados ou acaba indo na contramão em ruas de mão única. A capacidade de ler é conservada, mas não a de entender o que é lido.

- *Dificuldade para completar tarefas bem conhecidas.* Torna-se cada vez mais difícil cozinhar, limpar, dedicar-se a passatempos familiares ou manter um emprego. Atividades rotineiras da vida cotidiana passam por um processo de "desaprendizagem". Por exemplo, a capacidade de amarrar sapatos, abotoar a blusa ou a camisa, ou fazer uma xícara de chá ou café pode ser prejudicada.

- *Mudanças de personalidade e de disposição.* A depressão quase sempre acompanha o primeiro estágio do mal de Alzheimer. Pode haver desânimo, apatia, desconfiança, paranoia, retraimento social e episódios de choro. Inversamente, pode haver inquietação, ansiedade, agitação e sensação de "estar maluco". Por um lado, as pessoas negam a gravidade de seus sintomas, enquanto, por outro, reconhecem que alguma coisa está errada.

- *Desleixo e negligência.* A higiene pessoal torna-se um problema e as pessoas parecem desleixadas ou descuidadas. Esquecem-se de tomar banho, escovar os dentes, trocar de roupa ou lavá-la. Simplesmente não se lembram de como fazer.

Depois do diagnóstico, os cuidadores em geral perguntam ao clínico geral: "Quanto tempo temos? Quantos meses ou anos?". Há sempre a necessidade de saber.

O tempo entre o início do mal de Alzheimer e a morte do doente varia bastante. Pode ser alguns anos ou mais de vinte, dependendo de outros fatores relacionados com a saúde. Falando de modo geral, quanto mais jovem a pessoa, mais rápidas a evolução e a degeneração.

Como enfrentar o segundo estágio

"Há alguns momentos lúcidos, mas são poucos e infrequentes e parece que vão ficando cada vez mais distantes um do outro", relatou um cuidador cuja esposa fora diagnosticada com Alzheimer cinco anos antes.

À medida que o mal de Alzheimer progride, os sintomas do primeiro estágio intensificam-se. A perda da memória torna-se mais profunda. O comportamento é mais perturbador, esquisito e imprevisível. O segundo estágio dura entre dois e dez anos.

É preciso não esquecer que nem todas as vítimas do mal de Alzheimer têm os mesmos sintomas, mas há algumas mudanças de comportamento comuns à demência.

- *Perda contínua e progressiva da memória.* Acontecimentos passados e também recentes não são mais lembrados. A capacidade de se dedicar a passatempos habituais ou até de realizar as atividades rotineiras da vida cotidiana, tais como vestir-se e ir ao banheiro, é prejudicada.

- *Desorientação e confusão de progressiva a completa.* Nossos entes queridos tornam-se incapazes de reconhecer as pessoas, inclusive membros da família, bem como o próprio reflexo no espelho. Esquecem o nome e o uso de objetos comuns. Andam ao léu e perdem-se até dentro da própria casa.

- *Distúrbios da fala, de comunicação e de linguagem.* As pessoas que estão no segundo estágio do mal de Alzheimer são cada vez mais incapazes de expressar-se e completar sentenças. É comum a repetição de palavras, perguntas e frases. A fala fica truncada ou muito lenta.
- *Reações catastróficas.* Incluem oscilações de humor ou mudanças de personalidade, explosões de ira, desconfiança crescente ou paranoia e até episódios de violência física, em geral breves.
- *Perambulação, inquietação, pressa no andar.* A perambulação inquieta muitas vezes ocorre à noite ou no fim da tarde, perto do pôr do sol. Aumentam os movimentos repetitivos, tais como bater os dedos ou os pés, estalar os lábios e mastigação constante.
- *Vários problemas de comportamento.* Pode haver alucinações ou delírios de perseguição. As vítimas do mal de Alzheimer muitas vezes escondem e acumulam coisas e destroem a casa à procura de objetos "perdidos". Pode haver comportamento sexual e social inadequado.
- *Sinais físicos.* A atividade motora é afetada; no segundo estágio, muitos doentes perdem progressivamente a capacidade de se dedicar a atividades que exigem coordenação das mãos e dos dedos. Abrir uma lata com o abridor de latas, abotoar uma camisa, amarrar o cordão do sapato, pregar um prego – todas es-

sas atividades são prejudicadas. Ocasionalmente há contração ou espasmo muscular. Os doentes tendem a perder o equilíbrio e cair quando a coordenação se enfraquece. Manifestam-se problemas para se alimentar e controlar o sistema excretor.

Os sintomas do último estágio incluem a intensificação dos sintomas do segundo e, gradativamente, criam a necessidade de cuidado total. Este estágio inclui severo declínio cognitivo. Inicialmente muita supervisão e assistência serão necessárias para todas as atividades da vida cotidiana. Em geral há progressiva incontinência de urina e fezes. O doente perde a habilidade de andar sem auxílio e seus reflexos tornam-se anormais devido à rigidez muscular. O ato de engolir também fica prejudicado e o paciente corre o risco de desidratação, desnutrição e não raro pneumonia relacionada com a aspiração. O último e mais severo estágio do mal de Alzheimer dura vários anos, com cuidados de apoio em casa ou em clínicas de repouso. O último capítulo deste livro examina as necessidades específicas dessa fase da doença.

Os próximos capítulos ressaltam alguns dos problemas de gerenciamento mais comuns e difíceis que os cuidadores identificaram, ao lado de sugestões para lidar com esses problemas nos vários estágios da doença.

PARTE 2

Como cuidar de seu ente querido

*Não podemos fazer grandes coisas –
só pequenas coisas com grande amor.*
Madre Teresa de Calcutá

CAPÍTULO 5

Quando a memória começa a falhar

"As dádivas de Deus para o povo de Deus. Acolham-nas como lembrança de que Cristo morreu por vocês e nele alimentem seus corações pela fé, com ação de graças."

Padre Joe percorreu devagar a fila de comungantes, parando diante de cada um de seus paroquianos para dizer as palavras conhecidas: "O corpo de Cristo, o pão do céu. O corpo de Cristo, o pão do céu. O corpo de Cristo, o pão do céu".

Quando chegou à última pessoa ajoelhada, parou e sorriu. Ali estava Mary de novo, exatamente como tinha estado nos últimos oito meses.

Mary, uma mulher idosa, nunca se casara. Ajudou na construção da igreja e foi catequista durante quarenta anos, até completar 65 anos de idade, quando disse a todo mundo que estava cansada, aposentada e pronta para descansar. "Vocês assumam", disse Mary. "Vou ficar sentada e desfrutar a missa."

Os hábitos de Mary nos últimos oito meses tinham se tornado um tanto incomuns. Ela criara um padrão semanal de trazer sua bagagem – duas malas abarrotadas, fechadas por um pedaço de barbante e fita adesiva – à igreja. Chegava a carregá-las até o altar e pô-las no chão, uma de cada lado. Certa vez, Padre Joe perguntou a Mary aonde ela ia com as malas. Mary lançou-lhe um olhar feroz e disse que não era da conta dele.

Hoje, Mary não estava exatamente vestida para ir à igreja, pelo menos não para uma quente manhã de verão. Vestia seu volumoso casaco cinza com a bainha descosturada e o que parecia ser várias camadas de meias compridas de lã. Nos pés, usava um par de botas forradas de pele. Um dedão projetava-se por um buraco.

"Mary não precisa usar essas roupas", pensou Padre Joe. As senhoras da igreja ofereceram-se para levá-la às compras. Até compraram para ela umas roupas de verão e foram entregá-las pessoalmente. Mas Mary não recebeu as senhoras em casa, dizendo-lhes que não aceitava caridade e para darem as roupas aos pobres. "Estou bem", Mary insistia. "Muito bem!"

E Mary estava bem, até certo ponto. Um programa voluntário de auxílio entregava-lhe o almoço quente, de modo que ela ao menos tinha uma refeição balanceada ao meio-dia. Mas Mary nunca deixava os voluntários entrarem na casa, insistindo que deixassem no alpendre a comida embrulhada em uma sacola de papel pardo.

As enfermeiras locais estavam a par da situação de Mary e também procuravam ajudar. Mandaram uma faxineira para limpar a casa, mas ela não a deixou entrar. Insistiu, pelo buraco da fechadura, que estava bem. "Minha casa está limpa", disse à mulher.

"Não cheirava bem nem pelo buraco da fechadura!", a doméstica disse a sua supervisora. "Mas o que eu podia fazer?"

Contudo, hoje, as roupas de Mary e a sua casa realmente não importavam. Ela estava na igreja e pronta para receber a comunhão.

Quando Padre Joe inclinou-se para pôr a hóstia na boca de Mary, ele pensou ter percebido um leve odor de urina subindo e misturando-se com o aroma de incenso ardente.

Mas Mary não tinha consciência disso. Seus olhos estavam fechados em atitude de oração. Sua boca estava aberta para receber a hóstia e as mãos, agarradas às alças das duas malas abarrotadas.

"De todos nós aqui reunidos hoje", pensou Padre Joe, "é provável que Mary seja a mais bem preparada para entrar no reino celeste".

As faces da perda de memória

Algumas semanas antes de completar o último esboço da primeira edição deste livro, o pai de um membro de nosso grupo de apoio morreu. Fui ao velório na casa funerária, onde minha amiga e eu ficamos ao lado do caixão de seu pai, conversando sobre os últimos dias da vida dele, que foram carregados de emoção.

Quando eu estava prestes a sair, minha amiga virou-se para mim e disse: "Não deixe de dizer às pessoas que o mal de Alzheimer é mais que uma pequena perda de memória. Não é apenas esquecimento de nomes ou de como controlar a conta bancária. É acabar esquecendo tudo... tudo que fez de importante como pessoa. E esquecendo todos que conhecia. Escreva sobre isso. Todos precisam saber".

Minha amiga estava certa. As pessoas devem realmente saber. De fato, com o conhecimento vêm a compreensão e a capacidade de sentir empatia com os cuidadores que têm uma responsabilidade longa, que dura de um a mais de vinte anos. Como cuidadores, nós mesmos precisamos de conhecimento e compreensão para lidarmos com as muitas faces do mal de Alzheimer, em especial as muitas faces da perda de memória.

Minha mãe era artista. Não artista profissional, mas mesmo assim artista. Minhas lembranças mais vivas da infância são de mamãe sentada toda noite na cadeira de balanço da sala de estar, à frente de um velho cavalete que papai fizera, cercada por pequenos tubos de tinta a óleo ou caixas de pastel. Estava sempre no meio de um projeto de pintura.

Já mais velha, mamãe desistiu das tintas e pastéis e mudou para o crochê. Com seu olho de artista, ela teceu milhares de quadrados e fez centenas de lindas colchas. Quando começou a ter sintomas de Alzheimer, continuou a fazer crochê. Na verdade, suas colchas foram um dos primeiros sinais de que alguma coisa estava errada.

Fui fazer uma visita no Natal e mamãe tinha uma de suas últimas criações estendida sobre a cama. Basicamente parecia correta, bem semelhante a suas outras colchas matizadas de azul e branco. Entretanto, esta também continha alguns quadrados isolados de verde e branco. Quando mencionei isso, minha mãe apenas encolheu os ombros. "Parece correto para mim", lembro-me de ouvi-la dizer. Isso não demonstrava o olho avaliador do artista e não era sua atitude usual. Minha mãe sempre queria que suas colchas fossem perfeitas e ela as desmanchava e começava de novo, se não o fossem.

Com o passar dos meses, mamãe continuou a fazer crochê, mas os quadrados aos poucos se transformaram em círculos, em seguida correntes e finalmente em feixes de lã emaranhada. Ao contrário de muitas pessoas com Alzheimer que se sentem frustradas com a perda da capacidade para continuar a se ocupar de passatempos muito apreciados, parecia que mamãe contentava-se em fazer o que podia e, em geral, não se preocupava com o fato de suas habilidades estarem se degenerando.

> Meu marido esqueceu como se vestir. Não conseguia entender como abotoar a camisa, amarrar os sapatos ou afivelar o cinto. Simplesmente não sabia como encaixar uma coisa na outra.
>
> Papai tinha uma colostomia e sempre fizera a própria irrigação, mas as coisas chegaram ao ponto em que não se lembrava de como fazê-la. Assim, minha mãe começou a fazer para ele. Finalmente, uma enfermeira vinha realizar essa tarefa, porque papai não deixava minha mãe tocá-lo.
>
> Toda manhã, a parte mais difícil era tentar escovar os dentes de mamãe. Ela simplesmente não sabia o que fazer com a escova de dentes. Eu punha um pouco de pasta de dentes na escova e tentava mostrar-lhe o que eu queria que ela fizesse, mas depois de algum tempo isso era inútil. Eu tinha de escová-los para ela, se quisesse que fossem escovados.

Uma das mudanças de comportamento mais difíceis e dolorosas que os cuidadores têm de enfrentar é quando seus entes queridos passam a não reconhecer a si mesmos.

> Certa manhã, minha mãe estava sentada na cadeira de balanço no quarto enquanto eu limpava um armário no corredor. De repente, ouvi-a gritar e corri para lá a fim de descobrir qual era o problema. Ela se olhava no espelho e repetia sem parar a mesma frase: "Perdi a mim mesma, perdi a mim mesma".

Não menos dolorosa é a percepção de que aparentemente nosso ente querido não nos conhece e tem delírios de que somos outra pessoa.

Lembro-me de que um dia minha mãe disse a papai: "Ela quer que eu me sente. Quem é ela? Você sabe quem é ela?".
Se havia algum pedaço de meu coração que ainda não se partira, partiu-se bem ali. Fui até o quintal e debulhei-me em lágrimas.

A situação chegou ao ponto em que meu pai não reconhecia minha mãe. Achava que ela era uma estranha e queria impedi-la de entrar na casa.
Se o cachorro precisava sair à noite, minha mãe tinha de sair pela porta da cozinha e ir até a varanda para deixar o cachorro sair pela porta da frente.
Às vezes, papai se levantava e trancava a porta da cozinha depois que ela saía e então não a deixava entrar de volta.
Vinte e quatro horas por dia ela tinha de usar uma chave-mestra ao redor do pescoço.

Minha esposa finalmente decidiu que eu não tinha nenhuma ligação com ela. Eu não era seu marido. Meu lugar não era no quarto com ela.
Ela desfiava sua ladainha e vociferava... falava sem parar do homem estranho em seu quarto e de que não tinha de dormir no mesmo quarto que ele.
Eu lhe dizia que não ia tocá-la, que eu estaria lá se ela precisasse de ajuda, mas ela dizia que não precisava de mim e era perfeitamente capaz de cuidar de si mesma.
Era comum eu ter de esperar ela dormir para poder me deitar. Sabe como eu me sentia?

Há pessoas com Alzheimer que conservam algum reconhecimento de si mesmas até a doença estar bem avançada, mas não têm ideia de quem são os outros nem de onde elas estão. Muitas continuam a viver de lembranças do passado.

Anna Wilcox residia na unidade especializada de uma clínica de repouso onde eu trabalhava. Ela sempre tinha certeza da própria identidade, embora não soubesse a hora, nem o lugar em que estava. Se lhe perguntassem o nome, ela declarava com autoridade e em voz bem alta: "Meu nome é Anna Wilcox". Mas se lhe questionassem onde estava, ela costumava dizer que estava em Ohio, lecionando para uma turma de 15 alunos em um prédio escolar de apenas uma sala. O ano era por volta de 1939.

À noite, depois que eu lhe dava a medicação e apagava a luz, ela me falava da escola. Eu não tentava reorientá-la para a realidade. No estágio de demência de Anna a orientação para a realidade não costuma funcionar. Só causa frustração. Então, em vez disso, pedia-lhe para me falar da escola em Ohio e das crianças que ela tinha ensinado. E ela falava.

Quase sempre, não tinha muita lógica. Tagarelava bastante e às vezes confundia seu papel de professora com seu trabalho de garçonete, outro emprego que teve durante algum tempo. Mas, na verdade, naquela hora da noite, isso não tinha a menor importância. Eu esfregava-lhe as costas um pouco e ouvia suas histórias. Logo ela caía no sono com um sorriso no rosto, provavelmente sonhando com o passado.

Estimuladores da memória

Há muitas faces da perda de memória ligada ao mal de Alzheimer. Como cuidadores precisamos aceitá-las e reconhecê-las para ajudar nossos entes queridos a lidar com elas uma a uma, um dia de cada vez, à medida que a doença progride.

Eis algumas sugestões. Algumas destas ideias iniciais são utilizadas com o ente querido que ainda mora em casa nos primeiros estágios da doença. Outras são úteis à medida que a doença progride e a pessoa perde a capacidade de ler e compreender instruções escritas.

- Um grande calendário de parede ajuda o doente a acompanhar o tempo. Deixe uma caneta por perto, para que os dias sejam riscados à medida que passam.

- Providencie uma lista simples das atividades do dia na ordem em que devem ocorrer e a pendure em lugar bem visível. Por exemplo: 1. Café da manhã. 2. Tomar pílula verde. 3. Alimentar o gato.

- Algumas pessoas com princípio de demência preferem cartões de notas com informações estimuladoras a respeito de tarefas a completar, números de telefone a lembrar etc. Podem ser guardados em um pequeno arquivo com divisórias para assuntos diferentes.

Se ver as horas for um problema, pense em mudar para relógios digitais. É mais fácil ler as horas do que calculá-las. Essa técnica fez com que minha mãe parasse de perguntar o dia inteiro "Que horas são?" e aliviou, em grande parte, sua tensão e ansiedade. Pusemos relógios digitais no quarto, na sala e na cozinha. Entretanto, para algumas pessoas com a memória prejudicada, o contrário é verdade: é mais fácil ler um mostrador de relógio antiquado.

- Caixas de pílulas etiquetadas para o dia da semana e a hora do dia estão à venda em algumas farmácias. São eficientes nos primeiros estágios do mal de Alzheimer se o ente querido, embora ainda capaz de tomar os remédios, mistura os vidros de pílulas. Se você, como membro da família, encher essas caixas, monitore-as de perto para assegurar-se que as pílulas estão sendo tomadas da maneira certa.
- Evite mudar as coisas de lugar na casa. Ter as coisas em locais conhecidos ajuda a memória, do mesmo modo que manter a rotina familiar.
- Imagens e/ou etiquetas ajudam a identificar os vários cômodos da casa. Por exemplo, se o ente querido tem dificuldade para achar o banheiro, marque a porta com uma cor, ou ponha uma tabuleta identificando-o. À medida que a doença progride, talvez você precise mudar para a figura de um chuveiro ou de um vaso sanitário.
- Algumas clínicas de repouso orientam seus residentes colocando seus nomes ou fotografias do lado de fora de seus quartos. Você também pode fazer isso em casa. Se o ente querido já não reconhece uma fotografia pessoal, pendure algum tipo de peça de roupa identificadora, como um velho chapéu ou suéter familiar. Minha mãe começou a identificar seu quarto quando penduramos um retrato de seus avós na porta. Antes disso, ela vivia se perdendo.
- Etiquetas em vários artigos da casa, como torneiras de água quente e fria e o conteúdo de gavetas, também ajudam a esti-

mular a memória. Mais uma vez, à medida que a doença progride, mude de grandes etiquetas escritas para imagens do conteúdo da gaveta.

- Deixe o *hábito* ajudá-lo. Seu ente querido ainda pode ser capaz de desempenhar muitas tarefas da vida cotidiana com uma pequena ajuda sua. Quase sempre o problema está em iniciar a atividade. Depois de iniciada, parece que o hábito toma conta e as tarefas rotineiras continuam a ser executadas. Por exemplo, pode ser que você tenha de pôr a pasta de dentes na escova, levar a escova até a boca de seu parente e começar a escovar. Então, ele ou ela pode ser capaz de terminar a tarefa. Ou talvez você tenha de cortar a comida, pôr um pouco no garfo e guiar a mão até a boca algumas vezes, até ser feita a ligação. Ajude o ente querido a manter a independência o maior tempo possível, em benefício de vocês dois.

Como manter a consciência das pessoas

- Passe algum tempo com seu ente querido para entregarem-se às reminiscências. A reminiscência, ou "revisão da vida", é uma técnica usada com frequência em lares de adultos ou clínicas de repouso para idosos sem demência. Pode também ser uma intervenção útil para pessoas nos primeiros estágios da doença.

  Falar sobre pessoas e acontecimentos do passado, folhear álbuns de fotografias, ler em voz alta velhas cartas de amigos e parentes, rever antigas lembranças – todas essas atividades ajudam a manter alguma consciência de si mesmo e dos outros. Também servem para unir mais você e seu ente querido. Velhas canções que foram parte importante da vida do ente querido podem ser usadas em todos os estágios da doença. Essa "terapia musical" tem especial valor nos últimos estágios, principalmente à noite.

- Tentar convencer os pacientes de Alzheimer que você não é quem elas pensam que é, ou que você é quem elas pensam que não é, com toda a probabilidade, é inútil. Pode simplesmente provocar uma reação catastrófica ou emocional. Entretanto, em ocasiões não estressantes (e haverá muitas) lembre ao ente querido quem você é. Diga também o nome dele ou dela com frequência. Nossos nomes são importantes. Fazem parte de nossa identidade. Para as vítimas do mal de Alzheimer, eles são rapidamente esquecidos.

- O paciente de Alzheimer volta, em várias ocasiões, a viver no passado. À medida que a doença progride, tentar reorientar para a realidade já não dá mais certo. Uma abordagem melhor é tentar ajudar o ente querido a focalizar a atenção em acontecimentos do passado e nos sentimentos a eles associados.

Até certo ponto, todos vivemos no passado. Todos passamos algum tempo diariamente lembrando vários acontecimentos, bons e maus, que foram importantes para nós. Esses acontecimentos evocam memórias e sentimentos que nos fazem alegres ou tristes. Podemos presumir que o mesmo acontece com nossos entes queridos. Em vez de ficar aborrecidos e tentar orientá-los para o presente, precisamos ajudá-los a focalizar esses acontecimentos. Eles precisam falar sobre esses acontecimentos e expressar o que sentem.

Um dos livros mais úteis para cuidadores profissionais e familiares é *The Validation Breakthrough* [O avanço da validação], de Naomi Feil, que ensina técnicas simples para se comunicar com quem tem demência do tipo do mal de Alzheimer, em especial com os mais idosos. É repleto de estudos de casos da experiência da autora como assistente social geriátrica. O enfoque desse tipo de terapia é no aprendizado de como penetrar nos sentimentos e no mundo emocional da outra pessoa, sendo um ouvinte cheio de empatia, sem manter uma atitude condenatória, mas sim compreensiva e aceitar a visão que *eles* têm da realidade em vez de impor a própria visão – instrumentos valiosos para os cuidadores.[1]

Troços e coisas

Na minha infância, duas palavras favoritas de mamãe eram *troços* e *coisas*. Era sempre possível usar essas palavras, se necessário, se não se lembrasse do nome de algo. Eram palavras acessíveis. Gostávamos delas.

À medida que a doença de mamãe progredia, praticamente tudo se tornava "troço" ou "coisa". Ficava cada vez mais difícil

---

[1] Naomi Feil desenvolveu oficinas e matéria de discussão sobre a comunicação com os idosos que estão confusos, concentrando-se nos sentimentos deles. Ela chama sua técnica de "Terapia da Validação". Veja FEIL, Naomi. *The Validation Breakthrough*; Simple Techniques for Communicating with People with Alzheimer's-Type Dementia. 2. ed. rev. Health Professions Press, 2002.

para ela nomear objetos conhecidos, completar sentenças e, no fim, comunicar quaisquer pensamentos.

A perda da linguagem, bem como da memória, é comum no mal de Alzheimer. Padrão de comportamento frequente é a substituição de palavras certas por palavras erradas, principalmente no fim de uma sentença.

> Um dos primeiros sintomas que notamos logo no início da evolução da doença de minha mulher foi a substituição de palavras. Isso continuou por um longo tempo. Ela dizia alguma coisa como: "Preciso sair e pegar o passarinho", quando queria dizer que tinha de sair e pegar a correspondência. Ou precisava "cozinhar o carro", quando queria dizer que precisava fazer o jantar. Em geral, eu entendia o que ela queria dizer, mas muita gente ficava confusa.

Há pessoas que conseguem expressar algumas palavras de uma sentença, mas não o pensamento completo. Sua comunicação soa como se estivessem lendo uma cartilha infantil, onde todas as palavras são substantivos e verbos.

> A conversa de meu marido tornou-se curta e cortada. Ele dizia "ir" quando queria dizer "passear", "comer" quando estava com fome e "amor" quando queria abraçar ou ser abraçado.

A fala repetitiva ou excessiva é problema frequente e, para os cuidadores, um dos mais irritantes sintomas da doença. Palavras, frases e perguntas são geralmente repetidas vezes sem conta.

> Minha mulher não parava de repetir-se até que achei que ia ficar louco. Às vezes era a mesma palavra. Mas a pior coisa era a mesma pergunta: "Que horas são? Que horas são? Que horas são?". E eu sempre achava que tinha de lhe responder.

Às vezes as pessoas com demência revertem à língua da juventude.

Na clínica de repouso, meu pai reverteu à linguagem da infância. Sua mãe veio da Tchecoslováquia e eles sempre falavam boêmio em casa. Durante algum tempo, quando ele ainda conseguia falar, ele ficava pulando do inglês para o boêmio e vice-versa. Isso deixava as enfermeiras malucas.

Pode-se perder a capacidade de completar sentenças.

Minha mulher começava uma sentença. Pronunciava três ou quatro palavras e o resto era só incoerência. Eu costumava me sentir mal por não saber o que ela tentava me dizer. Ela parecia tão séria que eu dizia "É mesmo?" e parecia que isso a agradava, embora não me satisfizesse.

De vez em quando surge uma palavra que entendo, como "Natal", ou uma frase como "Está frio aqui". Mas a maior parte do tempo meu marido apenas balbucia. Às vezes nos sentamos e balbuciamos juntos. Adoro ouvir a voz dele. Temo o dia em que ele parar de balbuciar. Dá para entender isso?

Por fim, a linguagem desaparece totalmente.

Agora meu pai não consegue nem formar palavras para conversar comigo. É como se sua língua fosse três vezes maior que o tamanho normal. De vez em quando ele tenta dizer alguma coisa, mas não sai nenhuma palavra inteligível.
Se digo: "Papai, o senhor está bem?" ele sacode a cabeça para sim ou não. Mas às vezes ele não faz nem isso.

Como transpor os obstáculos

Não é fácil lidar com as perdas de linguagem, mas as dicas a seguir ajudam a facilitar tanto o ato de transmitir como o de receber informações, à medida que se aprendem novas maneiras de comunicação.

- Fique de frente para o ente querido ao falar e mantenha contato visual. Fale devagar e distintamente e abaixe o tom de voz. Isso é importante especialmente se houver dano à audição. A voz baixa é mais importante que a alta.
- Faça perguntas ou dê orientações uma de cada vez. Não espere respostas imediatas. Dê à pessoa com quem você se importa tempo para processar as informações antes de responder ou reagir ativamente. Se ele ou ela tentar responder verbalmente, mas ficar frustrada, ajude. Talvez você precise concluir uma sentença ou fornecer uma palavra. Ajude a diminuir a ansiedade.
- Harmonize-se com a linguagem corporal do ente querido. Ouça o que está sendo dito por meio das expressões faciais, dos movimentos do corpo, da postura etc. Se o paciente de Alzheimer tentar comunicar alguma coisa, mas não conseguir expressá-la verbalmente, procure fazer perguntas simples que possam ser respondidas com "sim", "não" ou um movimento de cabeça. Se desconfia que ele ou ela sente dor, talvez você tenha de apontar ou tocar a área que julga estar doendo. Peça uma resposta com um meneio da cabeça, para ver se você está certo.
- Não existem curas garantidas para verbalizações e comportamentos repetitivos, embora procurar possíveis causas que contribuem para isso seja sempre um primeiro passo. Por exemplo: "Oh! Oh! Oh!", repetidos inúmeras vezes, pode ser por causa de dor ou da necessidade de ir ao banheiro.

Às vezes não se determina nenhuma razão fundamental para o comportamento, embora o ente querido pareça ansioso e perturbado. Se você disser "Está bem" ou "Está tudo certo" e demonstrar afeição, ajudará o paciente a sentir-se menos ansioso e mais seguro.

A música também é útil para controlar a repetição. Sarah White, residente de uma clínica de repouso, diagnosticada com Alzheimer, constantemente batia o pé no chão e os dedos no braço da cadeira de rodas. Ela também repetia: "Estou perdida, estou perdida, estou perdida". Um dia descobrimos que Sarah fora esposa e filha de ministro. A frequência à igreja fizera parte regular de sua vida, mas ninguém sabia disso na clínica. Quando descobrimos, começamos a levá-la a serviços religiosos semanais. Assim que ouvia a música tocando e a congregação cantando, Sarah parava com as batidas repetitivas, exceto para marcar o compasso da música. Também parava de dizer "Estou perdida".

Finalmente conseguimos um rádio para o quarto de Sarah e o mantínhamos sintonizado em uma estação religiosa ou de música clássica. Parecia que a música a acalmava e as verbalizações e os comportamentos repetitivos e excessivos diminuíram.

Se todas as tentativas de intervir e romper o ciclo de repetição falharem, talvez seja preciso simplesmente sair de cena um pouco para evitar perder a calma. Reze por paciência para superar até a próxima vez.

Na verdade, é muito doloroso ver as muitas faces da perda de memória, mas as perdas diminuem quando procuramos meios para preservar e fortalecer a memória que ainda existe.

CAPÍTULO 6

Arrebatamentos emocionais

Nunca brigamos enquanto eu estava crescendo. Minha mãe era muito afável, meiga e serena. Mas brigávamos quando ela ficou com Alzheimer.

Um dicionário define catástrofe como "mudança repentina e violenta, tal como um terremoto". Isso descreve bem as várias reações catastróficas que quase sempre acompanham o mal de Alzheimer, que vão do ligeiro tremor de ansiedade a uma explosão verbal ou física às vezes violenta.

As reações catastróficas são difíceis de entender. Entretanto, um olhar mais cuidadoso não raro indica algumas razões fundamentais para o comportamento estranho de nosso ente querido. Precisamos estar conscientes dos diversos pontos de pressão que de repente dão origem a uma explosão emocional.

As causas das reações catastróficas

Reações catastróficas ocorrem quando o paciente de Alzheimer está frustrado devido à diminuição de suas capacidades.

Meu pai fora excelente mecânico. Mas a situação chegou ao ponto em que ele arruinava tudo que tocava. Era a coisa mais triste de se ver.

Nunca vou esquecer uma experiência. O jipe de papai estava estacionado na garagem e ele estava mexendo nele, tentando fazê-lo andar. Por fim, entrou correndo em casa, completamente fora de si.

"Não consigo!", ele gritava. "Não consigo! Você pode consertar meu jipe? Você pode consertar meu jipe?" Aquilo me cortou o coração.

Às vezes as reações são causadas por medos irracionais. Podem ser acompanhadas de paranoia.

A enfermeira tentava dar banho em meu marido ou apenas lavá-lo, e ele brigava. Não se conseguia lutar com ele porque era derrota na certa. Ele tinha a força de um touro... não deixava ninguém se aproximar dele. Dizia que a água estava fria, que tinha medo dela.

Certa noite, minha mãe estava completamente aterrorizada e não parava de apontar para a porta dupla de nossa varanda. Achei que havia alguém ali, mas depois percebi que ela estava vendo seu próprio reflexo no vidro. Depois desse episódio, passei a manter as cortinas fechadas.

Certa vez, quando ainda dirigia, minha mãe olhou pelo espelho retrovisor e ficou realmente histérica. Tinha certeza de estar sendo seguida. Quem estava no carro de trás era meu irmão!

As reações catastróficas são, às vezes, causadas por ações específicas de outra pessoa, em especial se esta é, de algum modo, considerada uma ameaça.

Quando se sentia ameaçado, meu pai beliscava ou batia, principalmente em quem tentava forçá-lo a fazer alguma coisa que ele não queria fazer.

Certa noite tive de levar minha mãe ao hospital para uma emergência médica e uma amiga minha ficou com papai. Papai também queria ir ao hospital e tentou entrar no carro. Quando ela tentou impedi-lo, ele bateu na cabeça de minha amiga com uma lanterna.

As reações ocorrem quando tentamos fazer nosso ente querido escolher entre várias opções ou responder a diversas perguntas de uma vez.

Lembro-me de que eu levava meu pai a restaurantes. Eu procurava fazê-lo sentir-se melhor consigo mesmo, por isso sempre lhe pedia para escolher o que queria comer... Eu queria dar-lhe uma escolha. Mas, em vez de sentir-se melhor, ele ficava frustrado e contrariado porque havia muitas escolhas. Ele não conseguia processar todas essas informações e certa vez até começou a chorar. Quando finalmente eu entendi o que acontecia, continuamos a sair, mas eu simplesmente fazia o pedido para nós dois.

Em geral, as reações catastróficas parecem mudanças marcantes de personalidade. Não raro, são acompanhadas de torrentes de obscenidades e ofensas verbais, dirigidas a nós. Ocasionalmente se transformam em violência física.

Meu marido tornou-se grosseiro, realmente grosseiro, e ele nunca fora grosseiro na vida. Certa vez chegou a me esmurrar com os punhos.

Em um momento parece que minha mulher sabe quem somos e, cinco minutos mais tarde, ela berra e me xinga. É exatamente como se alguém apertasse um botão e surgisse outra pessoa. Ela fica violenta e muito agressiva, exatamente o contrário do que costumava ser.

Ela era uma das pessoas mais adoráveis. Não havia o que não fizesse pelos outros. E jamais dizia palavrões. Mas desde que foi acometida pelo mal de Alzheimer, aprendi com ela uma linguagem que eu nem sabia que existia.

É uma tendência natural responder às reações catastróficas de nosso ente querido com explosões emocionais de nossa parte, já que são experiências estressantes e emocionalmente carregadas; e, sem dúvida, se nos sentimos excessivamente estressados, reagimos em vez de responder. Mas se fizermos isso, ficamos em maus lençóis. Assim que o episódio termina, sentimo-nos fracassados por causa da forma como lidamos com a situação.

A frase decisiva para lembrar quando somos confrontados com uma reação catastrófica da parte de um ente querido é *mantenha-se calmo*. Dadas as circunstâncias, isso parece difícil, se não impossível, mas é o melhor conselho que podemos dar a nós mesmos. Ajuda a afastar uma desgraça e converte as catástrofes em experiências pelas quais nós e nossos entes queridos conseguimos passar.

O que fazer e o que evitar

A lista a seguir do que fazer e do que não fazer oferece algumas soluções práticas:

- Evite situações ou acontecimentos que causem reações catastróficas. Se não puder evitá-las, previna-as. Por exemplo, se levar seu ente querido às compras, evite as manhãs de sábado e as noites de sexta-feira. Vá quando for menos provável que o supermercado tenha muita gente. Se forem comer fora, evite os horários em que os restaurantes estão cheios.

- Torne a vida o mais previsível possível. Muitos de nós ficamos cansados da mesma velha rotina, mas as pessoas com demência acham a repetição cotidiana segura e confortável. Mudanças marcantes de horários aceleram as reações catastróficas. Planeje o máximo possível a vida de seu ente querido. Isso será um problema a menos à medida que a doença progredir.
- Limite as escolhas. Lembre-se de que seu ente querido tem uma capacidade de discernir marcadamente afetada pelo mal de Alzheimer. Se estiver ajudando sua mãe ou sua esposa a se vestir, por exemplo, pedir-lhe que escolha entre os vestidos azul, marrom, amarelo ou branco pode estressá-la. Em vez disso, mostre-lhe dois vestidos e peça-lhe que escolha um. Ou simplesmente escolha por ela.
- Use sentenças simples. Apresente uma ideia de cada vez. Deixe que uma tarefa se complete antes de falar sobre outra.
- Simplifique as atividades da vida cotidiana. No vestuário, pense em substituir os vestidos de abotoar pelos de enfiar pela cabeça; os sapatos de amarrar, pelos mocassim; e os fechos com zíper, botões e presilhas por velcros. Essas substituições vão ajudar seu ente querido a manter a independência enquanto for possível e, ao mesmo tempo, minimizar as reações catastróficas.
- Não comente com outras pessoas os problemas de comportamento do ente querido na presença dele. Só porque alguém não é mais capaz de se comunicar verbalmente não significa que ele ou ela não entende mais o que se passa ou o que se diz. Pense em como

se sentiria em uma situação semelhante e seja sensível. Sempre presuma mais entendimento e compreensão do que realmente vê.

- Não leve para o lado pessoal as coisas que o ente querido diz. Você e outros membros da família podem ser acusados de furtar dinheiro, vender a casa da família ou deixar de amá-lo. Tentar negar as acusações só serve para piorar as coisas.

  Por exemplo, se você for acusado de furtar dinheiro, ofereça-se para ajudar o ente querido a procurá-lo. Uma cuidadora que entrevistei tem uma caixa trancada a chave, na qual ela guarda o talão de cheques da mãe, recibos bancários recentes e um pouco de dinheiro. Se a mãe a acusa de furto, elas procuram a caixa juntas. Quando a "encontram", sua mãe folheia os extratos bancários e o talão de cheques e, em geral, conclui que tudo está intato. A reação catastrófica passa.

- Não discuta nem tente ponderar. Lembre-se de que a doença afeta a memória e a capacidade de pensar logicamente. Os doentes não entendem por que não é seguro dirigir o carro da família. Acreditar que vão entender se alguém lhes explicar o motivo é erro de julgamento. As discussões também fazem o ente querido ficar mais desconfiado e na defensiva – mudanças de atitude das quais você não precisa.

  Em vez de discutir e ponderar, reconheça e confirme. A desorientação e a confusão que fazem parte do mal de Alzheimer resultam em comportamentos mais do que esquisitos. A demência também desperta sentimentos profundos – em nós *e* em nossos entes queridos. Parece que esses sentimentos nada têm a ver com a debilidade intelectual. Por baixo de um exterior beligerante, nossos entes queridos alimentam muito medo, desapontamento e mágoa – exatamente como nos sentiríamos se fôssemos frustrados em nossas tentativas de realizar algo que sempre adoramos fazer, que era parte importante de nossa identidade. Ajudar nossos entes queridos a verbalizar esses sentimentos ou mesmo a chorar é o melhor que podemos fazer.

- Evite gritar ou levantar a voz. Não corrija nem confronte o comportamento estranho. Uma voz alta, acusadora, subentende que, de algum modo, esperamos mudança de comportamento. Precisamos nos lembrar de que o comportamento não é deliberado. As pessoas com Alzheimer não querem agir do modo como agem.

- Evite as perguntas com "por quê": "Por que você está fazendo isso?" ou "Por que você fez aquilo?". Tais perguntas deixam a pessoa na defensiva. Ela sente que têm de justificar seu comportamento, pelo qual, neste caso, não é responsável. A atitude normal a uma ameaça percebida é lutar ou fugir. Ambas são reações catastróficas. O que nossos entes queridos mais precisam é de nosso amor e de nossa aceitação de quem eles são exatamente como são.

Fale docemente, tratando a pessoa de quem você cuida com a mesma dignidade e respeito com que você gostaria de ser tratado se estivesse no lugar dela. Há um provérbio que diz: "A resposta meiga acalma a ira, mas a resposta áspera instiga-a". Respostas suaves e tons de voz brandos amenizam muitas reações catastróficas.

- Supere o acontecimento e esqueça-o o mais rapidamente possível. Modere as situações usando uma técnica chamada distração, a qual inclui mudar de assunto, fazer uma caminhada para "procurar" o objeto que sumiu ou oferecer um alimento favorito.

  Seja grato pela memória curta do ente querido e considere-a uma bênção no caso de reações catastróficas.

- Não iniba fisicamente o ente querido. Ele ou ela pode sentir-se cerceado e tornar-se ainda mais combativo. Em vez disso, aproveite o excesso de energia na ocasião. Se está desarrumando a mobília da sala de estar, talvez seja a ocasião ideal para limpar o tapete! Procure redirecionar a energia e conseguir que ele ou ela o ajude.

- Pense na possibilidade de um remédio, tal como um tranquilizante suave, para ajudar o ente querido. As reações catastróficas são muitas vezes como vulcões inativos – de repente entram em erupção sem nenhum aviso e terminam tão rapidamente como começaram. Mas em alguns casos pode parecer que a catástrofe é contínua. Se este for o caso, fale com o médico sobre uma possível medicação.

- Retire-se de situações emocionalmente carregadas. Se sentir que vai explodir, é provável que exploda. Não é pecado afastar-se do ente querido, ao ver que a situação está fora de controle, ou se a previsão é de violência física. Se puder fazê-lo sem pôr em risco a segurança de ninguém, saia de cena por algum tempo e retorne quando tudo se acalmar.

- Evite distanciar-se emocionalmente. Esforce-se para dar um abraço caloroso, um beijo, um toque de mão. A afeição muitas vezes acalma uma situação difícil. O toque comunica que você se importa. Oferece confiança e afirmação, bem como afeição.

"O perfeito amor lança fora o temor", diz um versículo do Novo Testamento. Nosso amor pelas pessoas das quais cuidamos pode não ser perfeito. De fato, podemos às vezes nos sentir sem amor para dar. Mas, no final das contas, é nosso amor que afasta os medos que temos – e os medos que nossos entes queridos têm – para lidar com as várias reações catastróficas do mal de Alzheimer.

Confie em rituais

Fazer a pessoa com mal de Alzheimer interessar-se por rituais familiares também é uma intervenção útil. Como enfermeira em unidades de cuidados especiais de demência e como coordenadora de assistências espirituais em uma clínica de repouso, descobri uma coisa à qual se deve sempre recorrer quando alguém entra em uma clínica – rituais e práticas familiares que tinham feito parte da vida cotidiana. Atividades associadas à fé da pessoa são particularmente significativas.

Helen passava a maior parte do dia vagando pelos corredores da unidade de cuidados especiais onde eu trabalhava. Raramente se sentava e, quando o fazia, era quase sempre no chão, onde se encostava à parede, falando sozinha. O fim da tarde era a parte do dia em que sua agitação e inquietação aumentavam. Ela muitas vezes agredia outros residentes da clínica, se eles invadissem seu espaço pessoal, e também as enfermeiras, se elas tentassem intervir. Sua agitação era particularmente aguda depois das visitas da filha; Helen sempre insistia em ter permissão de ir para casa. A filha não raro saía da clínica em lágrimas ou discutia com a mãe no corredor, o que com frequência resultava em reação catastrófica.

Uma tarde Helen viu a porta do elevador aberta e correu para ele; foi contida por duas enfermeiras e começou a chutar e lutar. Finalmente foi acomodada em uma cadeira perto do posto de enfermagem e fisicamente ficou mais quieta, mas era óbvio que sua angústia emocional não se aliviara. Helen tinha a cabeça nas mãos, balançava-se para a frente e para trás na cadeira e não parava de repetir: "Oh, não. Oh, meu Deus. Oh, não".

Na ocasião, uma assistente social estava na unidade de cuidados especiais. Aquela noite eu era a enfermeira encarregada. Enquanto a assistente social e eu debatíamos possíveis soluções para ajudar a moderar ou aliviar o comportamento agitado de Helen, a assistente social lembrou-me de que ela era católica e disse que se recordava de ter visto um rosário em seu quarto. Fui buscar o rosário e trouxe-o para Helen. Sua reação foi arrebatá-lo de minha mão, então segurá-lo com mais cuidado e passar a mão sobre ele, começando a recitar as palavras. Depois de 15 minutos, Helen acalmou-se e consegui ter uma conversa muito lúcida com ela. Quando lhe perguntei se gostaria que eu rezasse com ela, Helen prontamente concordou. Apertou o rosário em uma das mãos e segurou a minha mão com a outra. Depois da oração, ficou visivelmente mais calma. O uso do rosário por ela e minhas orações tornaram-se parte do cuidado de enfermagem para Helen. Contar com rituais que são importantes para nossos entes queridos é também uma intervenção muito eficaz para os cuidados em casa.[1]

---

[1] Há vários livros à venda sobre a comunicação com as pessoas que sofrem de demência. Um que é recomendado por cuidadores profissionais é KILLICK, John; ALLAN, Kate. *Communication and the Care of People with Dementia*. Open University Press, 2001.

CAPÍTULO 7

Sempre em movimento

Certa vez trabalhei em uma clínica que tinha uma unidade trancada, além de dispositivos de segurança, como braceletes de alarme, para serem usados pelos residentes a fim de alertar os funcionários se alguém se aproximasse de uma saída. Todos os residentes ali tinham alguma forma de demência e, mesmo assim, todos tinham liberdade para vagar e perambular, inclusive Sam Smith.

Sam tinha 80 e poucos anos. Quando jovem, trabalhara como guarda na estrada de ferro local; ao ficar parado perto da porta de saída da enfermaria, Sam ainda parecia talhado para essa função. Usava seu velho e surrado boné de guarda e carregava um saco de papel cheio de biscoitos. "Meu almoço", ele dizia se alguém perguntasse. Se alguém questionasse o que ele fazia ao lado da porta todos os dias, na mesma hora, Sam sorria e dizia: "Esperando o trem".

Quando as enfermeiras da noite tocavam a campainha do lado de fora da porta, para avisar ao pessoal do turno do dia que elas tinham chegado, Sam ficava alvoroçado. Achava que era o apito do trem.

Sam continuava a andar de um lado a outro, perto da porta, por uma hora depois da mudança de turno. Então voltava a seu quarto e esperava "o trem" do dia seguinte.

Síndrome do pôr do sol

Quando o sol se põe, é comum os doentes de Alzheimer quererem levantar e ir embora. A confusão aumenta nessa hora do dia e à noite. Aumentam a perambulação desassossegada e a agitação. Esse fenômeno é chamado *síndrome do pôr do sol* ou *do ocaso*.

A síndrome do pôr do sol é ocorrência comum em clínicas de repouso para pacientes de Alzheimer. Também acontece em casa e muitas vezes é acompanhada de reações catastróficas.

> Parece que a inquietação e a agitação de minha mulher ficam piores nos meses de inverno, quando escurece mais cedo.
>
> Às vezes ela se zanga além de ficar inquieta e agitada. Sua raiva pode durar meia hora ou quatro ou cinco horas. Aquela grande rachadura ali na janela aconteceu no fim de uma tarde, quando minha mulher ficou zangada e atirou o sapato.

As razões para a síndrome do pôr do sol são obscuras, embora a fadiga do fim de tarde possa ser um fator que contribua para ela. É também prudente considerar catalisadores físicos óbvios e corrigíveis para o comportamento estranho: fome, sede ou a necessidade de ir ao banheiro.

Se descanso, comida, bebida e esvaziamento da bexiga ou do intestino não acalmam a agitação do ente querido, eis algumas coisas a fazer para lidar com a síndrome do pôr do sol.

Simplifique e modifique o ambiente

Em clínicas de repouso, é comum a síndrome do pôr do sol ocorrer durante mudanças de turno, quando as enfermeiras e as auxiliares vêm e vão, causando confusão. Algumas horas do dia confundem mais que outras também em casa. Por exemplo, a pessoa mais jovem com Alzheimer, que tem filhos em idade escolar, acha o período depois da escola particularmente estressante. Os garotos vêm para casa com os amigos, a tevê faz uma barulhada, a casa fica em polvorosa.

Talvez você não possa mudar o ambiente, mas sim conduzir o ente querido para um cômodo longe do tumulto. O isolamento total nem sempre é necessário, mas um ambiente mais tranquilo ajuda a diminuir a pressão.

A clínica de cuidados diurnos, ao qual levei minha mãe todos os dias durante um ano para eu poder trabalhar, tinha um grande jardim cercado onde os residentes caminhavam livremente e com segurança.

Cada pessoa reage de um modo diferente quando está em uma área mais confinada: para muita gente parece proporcionar um ambiente seguro onde se pode perambular com segurança; para outros, aumenta a agitação. A experimentação costuma ser necessária.

Luz baixa e sombras crescentes também são fatores que contribuem para a confusão. A iluminação noturna ou lâmpadas de baixo brilho em certas áreas da casa ajudam a reduzir a agitação.

Descubra coisas simples para seu ente querido fazer

Uma ideia útil veio de uma cuidadora de um lar de idosos. Ela a chama de "caixa de bugigangas":

> Inventei o que chamo de "caixa de bugigangas de Mary". Toda tarde Mary entrava nos quartos de outros residentes de nosso lar e remexia nas gavetas da cômoda. É desnecessário dizer que ela não era muito popular entre as pessoas mais atentas.
>
> Consegui para ela uma caixa grande e a enchi de coisas macias como esponjas de rosto, toalhas, bolas de algodão e brinquedos macios. Então, eu a punha sentada à mesa da cozinha, enquanto eu preparava o jantar. Durante mais ou menos uma hora, ela parecia contente em tirar as coisas da caixa uma a uma e pô-las de volta. Ela também dobrava e desdobrava as toalhas e as esponjas.

Passe algum tempo com seu ente querido

Deixe que ela ou ele fique perto de você. A falta de segurança contribui para a síndrome do pôr do sol. Seu ente querido precisa da reafirmação de que você, ao contrário do sol poente, não irá embora.

Descubra coisas fáceis para fazerem juntos, que sejam significativas e produtivas: lavar e enxugar pratos, varrer o chão, esvaziar as latas de lixo, engraxar sapatos. As atividades às quais a pessoa se dedicou anteriormente estão quase sempre arraigadas como hábitos. Talvez você precise lavar, varrer ou dobrar os lençóis de novo, mas o fato de vocês continuarem a compartilhar essas práticas cotidianas faz o tempo extra valer a pena.

A vítima de Alzheimer não é capaz de limpar a casa inteira ou cozinhar uma refeição completa, mas a perda dessas capacidades costuma ser gradativa. Capitalize as potencialidades que ainda estão intatas e ajude a preservá-las o maior tempo possível. Ao fazer isso, você também ajuda a preservar a autoestima de seu ente querido.

Se o comportamento de seu ente querido é controlável, talvez o fim da tarde seja a melhor hora para comprar comida, dar um recado, ou simplesmente afastar-se de tudo, dar um passeio de carro e aproveitar juntos a paisagem.

Reviver prazeres do passado também é um jeito de acalmar o doente de Alzheimer e proporcionar uma experiência agradável. Pense em assistir a um filme antigo na televisão, folhear álbuns de fotografias e conversar sobre os tempos antigos e velhos amigos. Cantem suas músicas favoritas, toquem piano. Incentive seu ente querido a tocar, se antes ele ou ela era capaz disso; pessoas com demência adiantada, que já haviam tocado algum tipo de instrumento no passado, geralmente ainda conseguem fazê-lo, em especial, se tocavam "de ouvido". Nunca subestime as capacidades aprendidas. Ponha um disco e dancem. Façam o que costumavam fazer. Concentre-se no que é familiar.

O fim da tarde é também uma boa hora para dar um passeio. É um ótimo exercício para ambos e você descobrirá que um intervalo para atividades físicas diminui a perambulação noturna e ajuda a pessoa a dormir melhor. Pesquisas também indicam que exercícios matinais leves, inclusive caminhadas, ajudam a controlar a agitação, a perambulação e os comportamentos agressivos. Um benefício a mais para quem caminha vinte a trinta minutos durante o dia é a luz do sol. Embora haja preocupações quanto à demasiada exposição solar, por contribuir para o desenvolvimento de câncer de pele, o sol em exposição normal é importante fonte de vitamina D, que auxilia a manter um sistema imune saudável, níveis adequados de cálcio e fósforo e, em consequência, ossos fortes.[1]

A síndrome do pôr do sol causa realmente frustração e ansiedade para todos na família atingida pelo mal de Alzheimer. Mas é também um incentivo para novas dimensões de criatividade e companheirismo.

Propensão para perambular

Seria de pensar que muita perambulação inquieta durante o dia deixaria seu ente querido tão exausto quanto você, mas esse nem sempre é o caso. Muitas pessoas com mal de Alzheimer continuam a perambular até tarde da noite e mesmo nas primeiras horas da manhã.

> Eu estava sempre alerta. Meu marido levantava-se por volta das duas horas da manhã e acendia a luz de nosso quarto. Enchia uma mala, ou às vezes apenas uma caixa de quinquilharias, e descia as escadas. Em outras ocasiões,

---

[1] Veja <http://ods.od.nih.gov/factsheets/vitamind.asp>. Os raios ultravioleta (UV) ativam a síntese de vitamina D na pele.

ele apenas enrolava sua roupa de cama, levava-a para baixo e a empilhava no chão. Geralmente ele tirava o pijama e se vestia.

Aí eu me levantava, vestia o roupão, descia ao encontro dele e sentávamos no escuro, nas cadeiras da sala de estar até quatro ou cinco horas da manhã, e então ambos voltávamos para a cama por algum tempo.
Ele nunca tentou sair de casa à noite, mas ficava de pé a maior parte do tempo.

Minha mulher começou a viver no passado, na fazenda onde cresceu. Sempre saía da cama no meio da noite. Depois perambulava pela casa toda, à procura dos animais.

À noite, meu marido perambulava pela casa toda. Eu ficava acordada para me assegurar que ele estava bem. O médico queria que eu amarrasse meu marido à cama para eu descansar um pouco, mas eu não tinha coragem. E parecia que os medicamentos que lhe receitou faziam-no piorar, principalmente durante o dia.
Assim ele perambulava e eu não dormia quase nada. Finalmente contratei pessoas para ficar com ele à noite, mas o primeiro ano foi terrível.

Se perambular pela casa à noite fizer parte do estilo de vida de seu ente querido, as sugestões a seguir podem ser úteis. Como sempre acontece com problemas de controle do comportamento, pense primeiro em causas físicas.

- A fome e a sede contribuem para a perambulação inquieta. Talvez esteja à procura de comida ou de alguma coisa para beber. Ofereça um copo pequeno de leite quente ou chá de ervas pouco antes da hora de dormir. Evite oferecer líquidos que contenham cafeína, inclusive chocolate quente. Pense na adição de alimentos com carboidratos complexos, como sanduíches, biscoitos e queijo.

- Por outro lado, o que você considera inquietação pode ser sinal de bexiga cheia. Assegure-se de haver uma visita ao banheiro antes da ida para a cama e tenha cuidado com a excessiva ingestão de líquidos algumas horas antes de se deitar. Tente também colocar uma cadeira higiênica em pontos estratégicos, ou ao pé da cama, ou em frente à porta do quarto, se encontrar o banheiro no meio da noite for problema. Uma lâmpada fraca ou uma luminária de tomada acesa durante a noite ajuda a assegurar uma passagem mais segura.

- Se além do mal de Alzheimer seu parente sofre de alguma outra enfermidade que cause dor, pense em medicação apropriada para ser tomada à noite. A dor contribui para a agitação. Pesquisas em clínicas de repouso indicam que as pessoas com demência tendem a ser pouco medicadas para a dor, pois nem sempre ela é notada.

- A perambulação noturna também pode ser sintoma de inércia diária. O que é necessário durante o dia para aumentar o sono à noite é algum tipo de *atividade física consistente*, tal como uma volta ou duas ao redor do quarteirão. Uma clínica de repouso onde trabalhei tinha uma hora de caminhada com supervisão no fim da tarde para os pacientes com demência. Os cuidadores que incluíram caminhadas estruturadas na rotina de seus entes queridos comentam a melhora do sono e a diminuição da inquietação de modo geral.

- Pense no efeito que as sugestões do ambiente têm sobre as pessoas confusas. Se seu ente querido levanta-se à noite e vê seu paletó e seu chapéu na cadeira e suas roupas cuidadosamente dispostas em ordem para a manhã seguinte, presume que já amanheceu; então, levanta-se e se veste. Talvez você também possa disfarçar algumas saídas com algumas cortinas discretas.

- Um banho ou uma chuveirada quente antes de deitar ajuda a relaxar. Evite banhos de espuma. Contribuem para infecções do trato urinário, complicação que você não precisa. Depois do banho, faça uma reconfortante massagem nas costas de seu ente querido.

- Experimente manter um rádio de cabeceira sintonizado baixinho em uma estação de música clássica ou de qualquer tipo que seu ente querido goste. Um programa de debates também é sonífero perfeito.

- Muitas pessoas foram acostumadas a ler um livro antes de dormir. Ler para o ente querido de uma fonte com a qual ele está familiarizado ajuda a induzir o sono. Em uma clínica de repouso onde trabalhei, uma das folhas de instruções de cuidados para uma idosa com Alzheimer observava: "Leia o Salmo 23 para a sra. Jones depois de lhe dar a medicação noturna". Em outra clínica, rezar o Pai-Nosso com um residente fazia parte da sua rotina de sono. Muitas pessoas com demência ainda leem muito bem, embora a compreensão possa estar comprometida. Talvez seu ente querido também aprecie ler para você.

- Objetos aconchegantes, como brinquedos de pelúcia, são confortadores e dão uma sensação de segurança a quem sofre de Alzheimer, em especial as mulheres, embora as exigências de controle de infecção em clínicas de repouso e hospitais precisem ser levadas em conta e objetos com enchimento sejam desencorajados.

- Medicamentos para dormir são a resposta para alguns, mas em geral devem ser usados como último recurso. É necessário receita para a maioria dos medicamentos. Peça ao médico um limite de dosagem e assegure-se de que esteja em uma dose suficientemente baixa que lhe permita experimentar. Nunca aumente a dose quando não estiver dando resultados. Se durante o dia são tomados tranquilizantes, talvez você possa dividi-los para que a dose mais forte seja ministrada à noite, embora seja importante discutir as mudanças na medicação com o clínico geral ou a enfermeira. Há remédios que podem ser cortados pela metade, mas outros não devem sê-lo, uma vez que vêm em vários graus de concentração.

    Lembre-se de que todos os medicamentos, inclusive os para dormir, têm efeitos colaterais. O remédio que uma pessoa tolera bem põe outra "em parafuso". Isso é verdade para medicamentos vendidos com receita e também para os sem receita e até mesmo os fitoterápicos. Alguns podem até estimular em vez de deprimir o sistema nervoso central. O farmacêutico que forneceu a medicação pode responder às perguntas do cuidador sobre os seus efeitos e os possíveis efeitos colaterais.

- Talvez os cuidadores sintam que o uso de certo tipo de repressores – por exemplo, um colete ou cinto – é útil para desencorajar a perambulação. A regra geral em hospitais e clínicas de saúde dos EUA é serem usados só por ordem médica, se a pessoa estiver em perigo de ferir a si mesma – por exemplo, puxando o tubo de alimentação. Ferimentos relacionados com repressores resultaram em novas regras para clínicas de saúde, as quais, em sua maioria, já não os usam e em vez disso confiam em controles cuidadosos. Agitação crescente, infecções recorrentes, tais como do trato urinário, e a diminuição do condicionamento físico são consequências de repressores em residentes de clínicas de repouso; segundo a literatura especializada, parece que não evitam quedas. As pessoas com demência muitas vezes tentam removê-los e, nesse processo, podem se ferir. Se a agitação tornar-se um problema, os membros da família responsáveis pela internação em clínica de repouso de uma pessoa com demência avançada devem conversar com a equipe médica sobre desejos específicos do doente quanto a opções de cuidados que exigem intervenções, como tubos de alimentação ou soluções intravenosas. Há algumas alternativas para os cuidados em casa que também são usadas em clínicas de repouso: lençóis amarrados à cintura, para não impedir a respiração, em doentes mais debilitados; determinadas cadeiras com tampa frontal para impedir a saída; alarmes de camas ou cadeiras, que são ativados quando a pessoa começa a levantar-se, e cadeiras reclináveis, com assentos mais baixos, que mantêm o paciente em uma determinada posição que dificulta erguer-se sozinho.

- Embora não seja a norma, alguns parentes cuidadores podem pensar em contratar alguém de fora da família para o turno da noite, a fim de dormirem um pouco. Se você pode fazer isso, use as habilidades dos cuidadores substitutos. Lembre-se de que os está pagando, por isso eles não devem dormir em serviço!

Estabeleça um plano com eles que inclua responsabilidades – por exemplo, a rotina matinal de dar banho, ida ao banheiro, vestir, barbear, cuidados das unhas etc. Deixe para eles as tarefas que você acha difícil fazer ou que lhe roubem a energia de que tanto precisa. Se seu ente querido fica acordado por longos períodos durante a noite, algumas dessas atividades podem ser concluídas nesse tempo, enquanto você dorme.

- Saiba que algumas pessoas com Alzheimer levantam-se, vestem-se, perambulam pela casa por mais ou menos uma hora, depois vão até a cadeira ou o sofá mais próximos e imediatamente caem no sono. Não se preocupe muito a respeito de onde eles dormem ou o que eles vestem. O importante é que durmam.

- Se, apesar de todos os seus esforços, seu ente querido ainda estiver propenso a perambular à noite, você precisará proporcionar-lhe segurança. Pode-se criar barreiras através de portas com cortinas, por exemplo. Também é possível colocar alarmes nas portas para alertar os cuidadores. E ainda talvez seja necessário trancar as portas e esconder as chaves, mas que estas estejam prontamente disponíveis para destrancá-las em caso de emergência. Deixe os vizinhos a par de sua situação e cientes de possível comportamento de perambulação; eles podem lhe dar assistência valiosa, se seu ente querido perambular para fora de casa. (Veja no capítulo 9 mais informações sobre problemas de segurança.)

Sair de casa

Bill Stewart olhou pela porta da cozinha. A lua cheia iluminava o caminho até a estrada. Helen, a esposa de Bill, estava dormindo. Ela trancara a porta da cozinha, como sempre fazia, mas hoje esquecera de tirar a chave. Bill a viu, virou-a e então saiu para o luar.

A cidade ficava a mais de 12 quilômetros ao norte da fazenda deles. Bill virou à direita na porteira e desceu a solitária estrada rural.

Na manhã seguinte, uma Helen frenética e dois policiais encontraram Bill encolhido em um banco no centro da cidade. Dormindo.

Helen e Bill com certeza não estão sozinhos em sua experiência noturna. As pessoas com Alzheimer com frequência perambulam sem rumo em suas casas e, muitas vezes, para fora delas. De dia ou de noite. De todos os padrões estranhos de comportamento dos doentes de Alzheimer, andar sem rumo e perder-se são os que mais perturbam os cuidadores.

> Meu marido fugiu de casa diversas vezes. Lembro-me da vez em que ele disse que ia colher amoras. Pegou a cesta e correu para fora na chuva. Minha filha e eu fomos atrás dele, mas o perdemos na mata e tivemos de voltar para casa e chamar a polícia.
> Depois de chamarmos a polícia, começamos a procurar de novo. Finalmente, nós mesmas o encontramos, lá em cima da colina. Ele estava encharcado. E a cesta, vazia.

> Vê aqueles gerânios ali na janela? Bem, certa vez quando voltei do trabalho, minha mulher não estava em casa. Encontrei um par de gerânios cortados na rua e depois encontrei mais. Fui recolhendo os gerânios até que a encontrei. Quando chegamos em casa, pus todos os gerânios na água. Os que estão na janela são seus descendentes.

Havia dois lugares onde eu geralmente pensava em procurar minha mulher. Um era a igreja. O outro era o supermercado. Um dia ela não estava em nenhum desses lugares. Procurei em toda parte e finalmente voltei para casa.

Depois de algum tempo, recebi um telefonema do vizinho. Ele disse que vira minha mulher perambulando ao redor de um estacionamento e a persuadira a deixá-lo trazê-la para casa.

Quando estava bem, ela jamais se afastara assim. Não sei onde ela pensava que ia. Aquele estacionamento fica a quase cinco quilômetros de casa.

Um dia papai correu para a mata. Passei uma hora e meia procurando-o. Eu estava para chamar a polícia, quando ele saiu da mata perto de casa e me chamaram.

Você sabe, os sentimentos de culpa e o constrangimento que sofremos no começo eram totalmente desnecessários. Mas não entendíamos o que estava acontecendo.

Finalmente eu disse a minha mãe: "Este homem está doente. Não há do que se envergonhar. Vamos contar a todos". Assim, começamos pelos vizinhos. Eu disse a todos eles: "Se virem meu pai perambulando, avisem-me imediatamente".

Foi muito bom fazermos isso.

A perambulação não se limita a afastar-se de casa. Às vezes, os doentes de Alzheimer afastam-se em viagens de férias.

Três anos atrás minha família estava em um museu. Nesse museu era preciso entrar e sair de salas diferentes para ver as diversas exibições.

Já percorrêramos dois terços das exibições quando de repente percebemos que minha mulher não estava conosco. Achamos que ela devia ter saído de uma das salas e virado na direção oposta à do restante de nós.

Procuramos. Demos a volta toda no prédio e em outros prédios. Olhamos em toda parte. Finalmente fomos ao estacionamento e lá estava ela. Ela entrara na fila de saída e perambulara para fora do portão.

Quando chegamos perto, ela nos disse: "Bem, achei o carro, mas não achei as chaves. Se as tivesse achado, eu teria ido para casa".
E acho que ela teria ido. Ou pelo menos tentado.
Essa foi nossa primeira experiência de perambulação. Desde então tem havido muitas mais.

Se seu ente querido perambula, você enfrenta uma situação de emergência que pode facilmente se transformar em tragédia. A frase a lembrar é: *não entre em pânico*. As estratégias a seguir podem ajudar a enfrentar a situação.

- Não perca tempo culpando-se pelo desaparecimento de seu ente querido. A culpa não ajuda a achar ninguém. Se necessário, peça ajuda. Entre em contato com vizinhos, amigos, parentes e a polícia para auxiliarem na busca. Também é bom deixar que outras pessoas da área saibam que seu ente querido está perdido. Elas podem não fazer oficialmente parte da busca, mas ficam alertas. Pense nos lugares óbvios onde seu ente querido pode ir – em especial, locais familiares do passado – e partilhe as informações com os que o estão procurando.

- Os grupos de busca precisam de uma descrição da pessoa que procuram. Tenha em casa algumas fotografias recentes coloridas. Também guarde fotografias do ente querido no porta-luvas do carro.

- Notifique o desaparecimento do ente querido aos departamentos de polícia e emergência e às clínicas de repouso locais. Se algum bom samaritano encontrar seu ente querido perambulando pela rua, talvez o leve a um desses lugares. Se você também sair na busca, assegure-se de deixar alguém em casa para a eventualidade de seu ente querido voltar.

- Seu ente querido deve ter um cartão de identificação ou um bracelete ou colar que diga "memória prejudicada", "perda de memória", ou "mal de Alzheimer". O cartão pode também incluir nome, endereço e o número do telefone. Se a pessoa tem outro problema de saúde além do mal de Alzheimer, tal como angina ou diabetes, essas informações devem ser incluídas juntamente com alergias a quaisquer medicamentos. As "bijuterias de identificação" podem ser compradas em joalherias e gravadas por um preço baixo. Há uma grande variedade de preços. Cartões de identificação do tamanho de carteiras não são um bom substituto para um bracelete ou colar de identificação, para alguns doentes de Alzheimer, pois podem ser facilmente perdidos ou jogados fora. A Alzheimer's Society também recomenda um bracelete de alerta médico ou uma forma similar de identificação se o doente de Alzheimer vai viajar ou sair de férias com familiares e a perambulação for uma possibilidade.
- Encontrar o ente querido é só metade da batalha. Agora você tem de levá-lo para casa. É bem possível que ele se sinta aliviado ao vê-lo. Pode ser que esteja transtornado e saiba que está perdido. Por outro lado, talvez você não seja visto como resgatador, mas como alguém a evitar ou de quem se esconder.

Seja qual for o caso, fique calmo. Evite correr até ele, puxá-lo pela manga ou tentar ponderar. Lembre a outros resgatadores que essas técnicas não funcionam. Em vez disso, pergunte ao ente querido aonde ele vai e ofereça-se para caminhar com ele ou levá-lo com você. Muitos perambuladores procuram a casa deles. Em casa, em sua companhia, é onde eles realmente desejam estar.

Se a pessoa de quem você cuida está sempre em movimento, não se desespere. Com previsão, planejamento e algumas estratégias práticas, é possível manter um ambiente relativamente a salvo e seguro para o perambulador eterno ou noturno. Hoje, os avanços tecnológicos também incluem radiotransmissores usados por pessoas com demência, bem como a tecnologia de GPS (Satélite de Posicionamento Global); ambos localizam pessoas perdidas ou desorientadas.

Procurar entes queridos perdidos é um desafio que muitos de nós temos de enfrentar em algum momento. E vamos saber fazê-lo quando chegar a hora.

CAPÍTULO 8

Comportamentos desconcertantes

Quando eu era criança, minha mãe costumava levar-me com frequência nas visitas que fazia. De vez em quando, íamos às casas de parentes que tinham ornamentos e objetos de cristal espalhados em mesas e prateleiras, à espera de serem derrubados. Mas minha mãe me ensinara bem. Eu sempre caminhava com as mãos para trás ou nos bolsos. E ela fazia o mesmo!

Quando foi acometida pelo mal de Alzheimer, mamãe agia de modo exatamente contrário, estendendo o braço e tocando em tudo que via. Às vezes, ela pegava as coisas que tocava.

Entesouramento

Quando eu costumava sair para comprar comida, quase sempre mamãe ia comigo. Eu a empurrava à minha frente em sua cadeira de rodas portátil e puxava o carrinho de compras atrás de nós. Quando eu terminava de fazer as compras, examinava cuidadosamente os bolsos e as mangas de seu casaco antes de passar pelo caixa. Mamãe tinha a tendência, quase sempre quando eu estava ocupada olhando uma determinada seção, de estender os braços para tocar os pacotes de bolos e biscoitos ao longo do corredor. Se o pacote era pequeno, colorido e parecia apetitoso, minha mãe o "embolsava" para consumo futuro.

Em uma clínica de repouso onde eu trabalhava de vez em quando, uma residente tinha o hábito de perambular nos quartos dos outros e remexer nas gavetas, coletando coisas para "levar para casa". Às vezes eu a encontrava saindo de um quarto carregando um sapato, dentaduras, uma caixa de lenços de papel ou roupas íntimas.

Pedir-lhe para entregar esses artigos era o mesmo que pedir a uma criança para entregar seu brinquedo favorito. A resposta era sempre "não", acompanhada por uma cara fechada e um aperto ainda mais firme nos artigos surrupiados. Porém, eu conseguia recuperá-los, se oferecesse uma troca, a qual podia tomar a forma de um biscoito, um copo de leite, ou uma revista. Às vezes era preciso fazer várias trocas para realizar a tarefa, mas funcionava e no fim nós duas ficávamos satisfeitas. (Descobri que isso também dava certo com outra residente que tinha o hábito de roubar o extintor de incêndio da clínica!)

As pessoas acometidas pelo mal de Alzheimer assemelham-se um pouco a piratas. Nas palavras de Janet Sawyer, cuidadora de uma clínica em Clemmons, Carolina do Norte, elas adoram "remexer, pilhar e entesourar". Depois podem tomar para si o produto da pilhagem (comida, sapatos, gravatas, joias etc.) e armazenar em um esconderijo que só elas conhecem.

> Chegou a um ponto em que todos estavam "furtando" as coisas de papai. Ele achava que as pessoas entravam na casa e escondiam as coisas dele, mas na verdade era ele quem as escondia.
>
> Meu pai sempre perdia a caixa de ferramentas. Era seu bem mais estimado, então ele a escondia – e depois esquecia onde a escondera. Um de seus esconderijos favoritos era debaixo do guarda-louça na sala de estar. Mas às vezes a caixa de ferramentas acabava debaixo da cama ou no porão.
>
> Ele dizia a minha mãe: "Onde estão minhas ferramentas? O que você fez com elas?". E, para manter a paz, mamãe tinha de ir procurá-las com ele.
>
> Havia um odor terrível vindo do quarto de minha mãe. As auxiliares finalmente descobriram o que era. Mamãe guardara uma coxa de frango na gaveta do criado-mudo.

Como resolver o problema de pegar e perder coisas? Perguntar: "Onde você o escondeu desta vez?" nunca funciona e é humilhante. Há meios gentis, afáveis e práticos de descobrir onde sua mulher enfurnou as joias da família ou onde seu pai escondeu as chaves de casa.

- Tenha um lugar que só você conhece para pôr as chaves do carro, dinheiro e outros objetos insubstituíveis. Deixe artigos pequenos, que podem ser perdidos com facilidade, mais visíveis, prendendo-os a coisas maiores e mais coloridas, como chaveiros. Certifique-se de ter duplicatas de tudo que puder.

- Ponha faturas e outros documentos fora do alcance e da vista. Muitas vítimas do mal de Alzheimer não só escondem coisas, como também as rasgam.

- Verifique o conteúdo das cestas de lixo antes de esvaziá-las.
- Se seu ente querido tem a tendência de jogar objetos de valor no vaso e dar a descarga, tranque a porta do banheiro.
- Talvez você precise trancar portas, armários e gavetas. Isso não só protege pertences de outros, mas também elimina esconderijos.
- Se você ficar realmente aturdido, pense em alguns dos lugares não tão óbvios onde seu ente querido pode esconder coisas. Verifique as concavidades de cadeiras e sofás. Examine bolsas e carteiras. Olhe dentro de tigelas, potes e pratos na cozinha.
- Se seu ente querido tende a esconder coisas de valor, use substitutos. Compre bijuterias baratas e guarde as joias em um lugar onde não é provável que olhe. Se ele ou ela esconde comida que se estraga, deixe acessíveis pacotes de biscoitos saborosos. Beliscar comida em ocasiões diferentes durante o dia ou à noite pode ser resultado de fome legítima. Supra essa necessidade.
- Mantenha uma "caixa de bugigangas" a ser usada como substituto, quando o ente querido começar a remexer em cômodas e gavetas.
- Não espere que ele/ela se lembre dos esconderijos das chaves do carro ou da correspondência. Perguntar ou exigir explicações só cria uma situação estressante. Simplesmente faça previsões de juntar-se à busca, de vez em quando.

Remexer, pilhar e entesourar são comportamentos comuns em pessoas com demência. As razões não são claras, mas talvez a necessidade de segurança seja um fator fundamental. Criar um ambiente seguro é um desafio que todos enfrentamos quando cuidamos de nossos entes queridos. É um desafio que testa nossa paciência. Também nos torna pessoas mais tolerantes e sensíveis.

Refeições conturbadas

As horas das refeições incluem diversão e camaradagem, além da comida. Mas quando se cuida de um doente de Alzheimer, são momentos de frustração.

Comer nem sempre é ocasião de se sentar.

Meu pai não se sentava para as refeições. Decidiu que preferia ficar em pé. Ele dizia: "Tenho de fazer isto" e "tenho de fazer aquilo" e então comia um pouquinho e corria pela casa. Ele era extremamente hiperativo. Extremamente.

Às vezes, o julgamento e a coordenação são afetados.

Meu irmão nem sempre sabe onde está a comida. Temos de colocá-la em sua mão. Ele se sai muito melhor com comida que se come com as mãos, com coisas que ele sente. Parece ser muito difícil para ele manusear os talheres e creio que ele tenha dificuldade para senti-los por serem tão finos. Ele come sanduíches, bananas, queijo, coisas assim.

Para algumas pessoas, a memória para comer e talvez até para engolir torna-se debilitada.

Minha mãe senta-se à mesa, mas aí não se lembra de como comer, ou o que fazer com o garfo ou a colher. Geralmente tenho de fazê-la começar e, às vezes, parece que a velha memória volta e contribui. Outras vezes, ela não volta e tenho de lhe dar a refeição inteira.

Chegou a tal ponto, que minha mulher levava um tempão para comer. Ela levava uma hora para almoçar. Às vezes, ela mastigava um bocado durante dez minutos antes de engoli-lo.

Sabe quando às vezes é preciso tocar a garganta de um bebê? É o que eu fazia com minha mulher. Eu dizia: "Vamos. Engula, engula, engula". E, então, quando estava pronta, ela engolia.

Às vezes, a pessoa recusa-se a comer. Outras vezes come tudo que vê.

Meu marido come tudo em que consegue pôr a mão, mas não ganha peso. Perde-o correndo o resto do tempo.

Um dia minha mulher perdeu o apetite e recusou-se a comer. Agora é uma tarefa difícil fazê-la comer alguma coisa. Sei que ela também está deprimida e isso justifica em parte a falta de apetite.

Os doentes de Alzheimer, em especial nos últimos estágios, são propensos a infecções respiratórias, tais como pneumonia, provocadas por engasgos com comida.

Alguns doentes de Alzheimer têm problemas para engolir e, em vez de a comida descer pelo esôfago, desce pela traqueia. Acho que foi isso que aconteceu com minha mulher. Ela contraiu pneumonia depois de um episódio de sufocar certo dia na clínica de repouso.

As sugestões a seguir ajudam a tornar as horas das refeições mais controláveis em vários estágios da doença:

- Diminua os estímulos no ambiente. Mantenha uma atmosfera calma nas horas das refeições. Toque música suave em vez de barulhentos programas de tevê. Pense em iluminação moderada em vez de luzes fortes e ofuscantes.

- Ao planejar as refeições, escolha comidas dos quatro grupos básicos para uma dieta bem balanceada. Para um dia, os grupos incluem:

    a) Três porções de *proteína*: carne magra, ave, peixe, queijo, ovo, feijão, ervilha, nozes, castanhas. Soja também pode ser um bom substituto.

    b) Cinco a sete porções de *carboidrato*: pão, cereais, amidos, arroz e outros grãos. Farinhas e grãos integrais são melhores. Massa e batata incluem-se neste grupo.

    c) Três porções *laticínios*: leite ou derivados, tais como queijo, ricota e iogurte. Dê preferência ao leite magro e de baixo teor de gordura e aos derivados do leite. Para quem tem intolerância à lactose, há muitos produtos sem lactose à venda, tais como leite de soja, de arroz ou de aveia.

    d) Cinco a sete porções de *frutas, legumes e verduras*: quanto mais colorido o prato, melhor.[1]

Concentre-se em comidas conhecidas que seu ente querido sempre apreciou. Muitos alimentos que se podem comer com a mão, como sanduíches, queijo, frutas e legumes, satisfazem os "quatro" requisitos alimentares "básicos", e também as necessidades de uma pessoa que está sempre em movimento.

As quantidades das porções variam, dependendo da idade, da altura, do peso, do sexo e do nível de atividade. Devem-se evi-

---

[1] Na internet há vários *sites* sobre nutrição, mas vale a pena consultar um nutricionista para maiores informações sobre alimentação balanceada e indicações relacionadas à idade, ao mal de Alzheimer e a outras enfermidades.

tar os alimentos de alto teor de gorduras saturadas e de gorduras trans. O sal e o açúcar devem ser usados com moderação. Os idosos também precisam de suplementos, como vitamina D, para ajudar a absorção de cálcio. Consulte o clínico geral a respeito de suplementação vitamínica.

- Alimentação em pequenas quantidades ou lanches são mais aceitáveis que grandes refeições três vezes ao dia.
- Para aumentar a nutrição de quem tem problemas para comer, deixe lanches à vista e acrescente os seguintes suplementos durante o dia:

    a) leite batido (adicione sorvete, baunilha, canela ou outro aromatizante);

    b) pudins, cremes, iogurte;

    c) suplementos dietéticos e barrinhas de cereal.

- Se engolir ou mastigar for problema, experimente moer ou liquidificar os alimentos. Isso é preferível a comidas de bebê industrializadas e lhe permite cozinhar a mesma refeição para toda a família. Um processador de alimentos, liquidificador ou moedor pequeno funciona bem. Muitas vezes líquidos densos são engolidos mais facilmente que líquidos aguados. Tente sopas em creme para facilitar a deglutição e aumentar o acréscimo de nutrientes.
- Tente dar os passos a seguir para aliviar problemas de coordenação:

    a) Substitua pratos por tigelas ou passe a usar um *soupla* (apoio de pratos) para minimizar o derramamento de líquidos.

b) Mude para pratos inquebráveis.

c) Coloque cabos nos utensílios para facilitar senti-los e segurá-los.

d) Se o ente querido tem dificuldade para fazer escolhas, ofereça só um alimento de cada vez.

- Se você precisa alimentar seu ente querido, considere o seguinte:

    a) Não fique em pé ao dar a comida. Sente-se diante da pessoa e mantenha contato visual.

    b) Dialogue naturalmente, mas não incentive muita conversa ou risada que contribuam para a sufocação.

    c) Para dar comida, colheres são melhores que garfos.

    d) Aproxime-se do ente querido frontalmente, não de lado. Alimente-o usando uma pressão suave no centro da língua.

    e) Se houver alguma fraqueza ou paralisia relacionada a derrame ou demência vascular, alimente-o do lado não afetado para facilitar o ato de mastigar e engolir.

    f) Preste atenção à temperatura dos alimentos, em especial quando usar o micro-ondas. Talvez seu ente querido não consiga comunicar o desconforto.

    g) Tenha calma. Não se apresse. Talvez você precise incentivar seu parente a engolir cada bocado ou certificar-se de que a comida não está sendo estocada nas bochechas cada vez mais salientes.

- Como mais uma medida de segurança, aprenda a manobra de Heimlich ou de pressão abdominal. É um procedimento relativamente simples, que já salvou milhares de vidas. Envolve uma série de pressões abdominais que elevam o diafragma; o ar é forçado para fora dos pulmões pelas pressões para criar uma tosse artificial que expele um objeto ou alimento que obstrui as vias aéreas. É uma coisa que todos devemos saber, tenhamos ou não um ente querido com Alzheimer. Os hospitais e as clínicas de repouso sempre ensinam esse procedimento aos funcionários. Você pode pedir a uma enfermeira que o ensine. Se não puder participar de uma aula ou demonstração, consulte um livro de primeiros socorros e também *sites* da internet recomendados, que incluem diagramas e explicações mais completas desta técnica.[2]

- Lembre-se de que o hábito de comer fora não precisa ser interrompido, se seu ente querido tem Alzheimer.

Eu costumava levar minha mulher a um restaurante administrado pelo centro comunitário de nossa cidade. Era bom para nós dois. Obrigava-a a sair de casa e lhe proporcionava mais estímulo do que ela tinha em casa. Também fizemos muitos amigos ali.

Levo meu marido para comer fora com bastante frequência. Ele às vezes derrama coisas e ocasionalmente tenho de alimentá-lo. Há alguns lugares aonde vamos com regularidade, em geral quando não estão muito cheios. Todos nos conhecem e as garçonetes são ótimas. Não é preciso parar de fazer as coisas que sempre apreciamos só porque alguém tem Alzheimer.

Você não precisa parar de fazer coisas que sempre apreciou. E desfrutar uma refeição com um ente querido em casa ou fora dela é uma das coisas que ainda fazem parte da vida.

---

[2] Há um site muito útil do Heimlich Institute com figuras que indicam como fazê-lo em si mesmo ou em outra pessoa. Veja <http://www.heimlichinstitute.org/page.php?id=34>.

Perda de controle

Dificuldades com a eliminação de urina e fezes em geral tornam-se problema à medida que o mal de Alzheimer progride. A incontinência urinária e de evacuação ocorre com frequência e apresenta um dilema físico e emocional real para o cuidador despreparado. Quando eu me dedicava à pesquisa de clínicas de repouso, entrevistei cuidadores pelo telefone sobre as principais razões para internar um parente. Eu achava que problemas de perambulação e de segurança eram as principais razões, mas, ao contrário, lidar com a incontinência pareceu ser o aspecto mais difícil dos cuidados, em especial se o ente querido precisasse de trocas frequentes à noite. É um aspecto constrangedor do cuidado com doentes e exige que mantenhamos nosso senso de humor e perspectivas.

> Lembro-me do dia em que minha mulher evacuou no supermercado. Fiquei mortificado. Mas eles foram muito bons para nós! Um jovem vendedor veio atrás de nós e enrolou o tapete. Foi sorte minha mulher fazê-lo no lugar certo.

> Certa vez minha mãe foi incontinente justo no banco. Eu estava descontando um cheque e, quando me virei, lá estava ela, tirando a calcinha molhada perto da janela. Corri até lá, agarrei a calcinha, meti-a no bolso e tirei-a dali. Depressa!
> Na semana passada vi uma menina de dois anos fazer a mesma coisa em uma loja no centro da cidade. A mãe reagiu do mesmo jeito que eu. Acho que quando coisas desse tipo acontecem é preciso ter senso de humor.

> Já faz algum tempo que meu marido é totalmente incontinente. Seu urologista disse-me que uma das coisas que eu poderia esperar futuramente

era a falta de controle do intestino e da bexiga. O ruim disso era que meu marido às vezes ia atrás do celeiro e tirava a roupa, inclusive as fraldas da incontinência. Ele jogava fora as fraldas molhadas ou sujas e vestia a roupa novamente. Acho que há uma pilha dessas fraldas atrás do celeiro.

Além de nos livrarmos de nosso constrangimento, precisamos abandonar a ideia de que usar o vaso sanitário é assunto particular e pessoal. Mais cedo ou mais tarde você se envolverá nesse aspecto do cuidado de seu ente querido.

> O maior problema que tive foi quando minha mulher foi incontinente pela primeira vez. Ela molhou a cama à noite e decidi: "Bem, terei de fazê-la levantar-se. Foi difícil, porque ela tinha sono pesado e resistiu bastante. Muitas vezes antes que eu conseguisse levá-la até o banheiro, ela urinava no chão. Eu costumava ficar muito zangado, porque não entendia o que se passava.
> Finalmente, decidi que não havia sentido tentar fazê-la levantar-se e ficar zangado. Não fazia bem nem a mim nem a ela. Então comprei fraldas descartáveis de adulto, um forro de plástico e alguns lençóis menores e os pus na cama. Se, pela manhã, estava tudo encharcado, não havia problema. Eu apenas tinha mais roupa para lavar.

A seguir estão algumas sugestões para evitar ou lidar com a incontinência, caso ela ocorra, e também outros aspectos do controle da bexiga e do intestino.

Se a incontinência urinária tornar-se problema em qualquer estágio do mal de Alzheimer, não presuma que isso se deve à evolução da doença. Isso vale principalmente se os sintomas aparecem de repente. Pode haver um problema médico obscuro, tal como uma infecção do trato urinário. Inicialmente, é prudente conversar com o médico. Recomenda-se um exame simples de urina para ver se há uma infecção facilmente tratável com antibióticos. As infecções do trato urinário não tratadas pioram qualquer incontinência relacionada ao mal de Alzheimer.

As mulheres estão mais sujeitas que os homens a contraírem infecções urinárias, porque a anatomia feminina facilita aos agentes infecciosos avançarem para a bexiga.

Infecções do trato urinário ou infecções renais mais graves incluem um ou todos os seguintes sintomas:

- vontade frequente de urinar;
- urinar em pequenas quantidades;
- dificuldade para começar a urinar;
- ardência, dor ou agulhadas ao urinar;
- urina fétida;
- urina turva, com traços de sangue ou contendo muco;
- dor ou desconforto abdominal;
- febre e calafrios;
- náusea e vômitos;
- dores nas costas;
- confusão crescente.

Alguns medicamentos contribuem para a incontinência urinária, como os diuréticos, por exemplo. Em geral, é melhor dar esses remédios de manhã cedo, para evitar incontinência urinária à noite.

Alguns tranquilizantes e sedativos têm efeito oposto e resultam em retenção da urina, que, se não percebida e tratada, se torna problema grave, até com risco de morte. Os medicamentos Haldol e Serenace (haloperidol), muitas vezes receitados para doentes de Alzheimer, são exemplos notáveis. Geralmente, o farmacêutico é uma boa fonte de informações sobre os efeitos colaterais dos remédios.

Se seu ente querido toma medicamentos que podem causar efeitos colaterais urinários, é essencial observar cuidadosamente suas idas ao banheiro.

- *Previna acidentes*: preste atenção a maneirismos que talvez indiquem a necessidade de urinar ou evacuar.
- *Minimize acidentes*: diminua o consumo de líquidos, principalmente chá e café, várias horas antes de ir para a cama.

Entretanto, em geral, os líquidos não devem ser limitados durante o dia, exceto por outras razões médicas. O consumo adequado de líquidos é essencial para a hidratação apropriada e também ajuda a evitar infecções do trato urinário e constipação. Em caso de dúvida, consulte o médico. A quantidade necessária de líquidos para a saúde varia de pessoa a pessoa. A desidratação e também a super-hidratação contribuem para a desorientação.

- Idas ao banheiro em intervalos regulares é recomendável – a cada duas ou três horas, antes e depois das refeições e um pouco antes de ir para a cama. Faça isso, mesmo que seu ente querido use as toalhas ou as fraldas de incontinência. Por meio de idas regulares ao banheiro, forma-se um padrão de hábito que o mantém seco durante o dia e à noite. Seu esforço e algumas tentativas e erros valem definitivamente a pena. Isso também diminui a perambulação e a agitação.

- Diminua a distância entre o quarto e o banheiro. Estude a possibilidade de usar uma cadeira higiênica ao lado da cama.
- Pense em usar fraldas geriátricas ou, se a incontinência for pequena, um absorvente íntimo dentro da calcinha ou da cueca. Há muitas marcas diferentes de produtos especiais à venda nas farmácias e nos supermercados. Os preços variam e vale a pena descobrir primeiro o que está disponível nos serviços comunitários de enfermagem. Algumas pessoas têm a pele sensível a certas marcas. Talvez seja preciso experimentar algumas até achar a que não provoca assaduras ou erupções.

    Peça à enfermeira ou ao médico dicas sobre como colocar as fraldas, quando a pessoa está deitada ou de pé. Calças plásticas também estão à venda em tamanhos para adulto.

    As fraldas geriátricas ajudam seu ente querido (e você) a sentir-se mais seguro ao sair de casa, embora quase sempre haja uma reação inicial compreensível a "precisar voltar a usar fraldas, como um bebê", como disse uma cuidadora. Se seu parente não as tirar à noite, as toalhas para incontinência ajudam vocês dois a ter uma boa noite de sono. Entretanto, seja sensível aos sentimentos de vergonha, embaraço e perda de autoestima do seu ente querido.

- A pele é muito sensível à urina e se irrita rapidamente, se não for mantida limpa e seca. Geralmente tudo que você precisa é água e sabão. Evite pós aromatizados ou perfumados: contribuem para infecções do trato urinário. Se a transpiração em dobras da pele, na área do abdome e da virilha, for problema, existem à venda talcos antialérgicos, líquidos e em pó. O fubá é outra alternativa, mas quem tem alergia a milho também pode ter reações alérgicas. Consulte o farmacêutico sobre produtos alternativos, se houver sinais de reação alérgica na pele. O clínico geral também pode receitar um creme medicinal para aliviar a irritação; alguns tipos são vendidos sem receita. Como acontece com a urina, fezes resultam em irritação na pele e até em infecções do trato urinário. Se você precisar ajudar o ente querido com a higiene, limpe e lave bem, a partir da frente (orifício urinário) para trás (área retal).

- Proteja o colchão com um forro impermeável. Um pedaço grande de plástico ou uma velha cortina de chuveiro também funcionam. Forros descartáveis ou de pano com revestimento impermeável estão à venda e diminuem a quantidade de roupa para lavar. Lençóis pequenos (pedaços menores de lençol) ou fronhas com um pedaço de plástico dentro também dão certo e são alternativas baratas.

  Para controlar os odores da urina, lave regularmente os forros do colchão com água e sabão e borrife um desinfetante.

- Em geral, cateteres internos não são recomendados para o controle da incontinência, porque contribuem para infecções e costumam ser arrancados pelas pessoas com demência.

  Entretanto, cateteres externos, que se encaixam como preservativos, são úteis para alguns homens que sofrem de incontinência à noite, mas têm sono pesado.

- Se a retenção urinária e a dificuldade para começar a urinar forem problemas, tente abrir uma torneira ou o chuveiro quando seu ente querido estiver no vaso sanitário, para estimulá-lo. O clínico geral pode dar informações sobre como entrar em contato com um assistente social ou enfermeiro para receber mais ajuda.
- Os hábitos de evacuação diferem de pessoa a pessoa. Alguns evacuam todos os dias, outros a cada dois ou três dias. O doente com demência tem dificuldade em manter um horário normal, por uma variedade de razões relacionadas com a evolução da doença: dieta, falta de exercícios, vários medicamentos etc. Se a diarreia for problema, pode estar relacionada a um distúrbio estomacal ou ao uso indiscriminado de laxantes.

Um problema que ocorre com mais frequência é a constipação. Os seus sinais incluem dor na área abdominal ou retal, movimentos intestinais irregulares e infrequentes, desconforto ou dor ao evacuar, diarreia ou perda de líquido com as fezes e dor de cabeça.

O melhor jeito de evitar a constipação é por meio de uma dieta adequada de líquidos e fibras. O desjejum é sempre a melhor refeição para acrescentar fibras. Você pode tentar servir um cereal rico em fibras, ou misturá-lo com iogurte e frutas. Substitua o pão branco pelo de farinha integral. De modo geral, acrescente mais frutas e verduras cruas ao cardápio da pessoa de quem você cuida, a não ser que exista outro problema médico que exija uma dieta pobre em fibras.

- A falta de exercício contribui para a constipação. Lembre-se do valor terapêutico de caminhar.

- A constipação é também efeito colateral comum de certos medicamentos, em especial os receitados para dor. Pergunte ao farmacêutico. Se o problema persistir, talvez você precise mudar para outro tipo de analgésico.

- Se dieta e exercícios não funcionarem, pense no uso de emolientes, receitados ou comprados sem receita. Alguns estão à venda em forma de líquido ou de pó. O uso excessivo de laxantes como leite de magnésia leva à inatividade do intestino. Se possível, evite-os.

- Supositórios ajudam algumas pessoas. Estão disponíveis em formas suaves e alguns são vendidos sem receita médica. As farmácias também comercializam várias lavagens, de marca e genéricas, relativamente fáceis de aplicar e que podem ser necessárias de vez em quando. Se houver alguma dúvida sobre como aplicar uma lavagem, consulte uma enfermeira.

Perder o controle é um embaraço para o paciente de Alzheimer e um problema para o cuidador. Mas temos de nos lembrar que é um transtorno *controlável*, minimizável com os recursos apropriados e nossa desenvoltura.

Desinibições sexuais

> Meu marido adquiriu o hábito de despir-se, e às vezes faz isso bem no meio da sala de jantar na clínica de repouso. Às vezes pergunta aos outros residentes e até aos auxiliares se querem ir para a cama com ele. Se estivesse em seu juízo perfeito, ele se sentiria humilhado.

Minha irmã sempre foi muito tímida, retraída, mas não é mais. Você devia ouvir o linguajar que sai de sua boca quando tentam dar-lhe uma chuveirada. Ela também tenta agarrar as pessoas se chegam muito perto dela – e em lugares não muito aceitáveis.

A perda do controle dos impulsos, que faz a pessoa ter um comportamento sexual impróprio, do qual ela não está consciente por causa de seu estado de desorientação, não é comum para a maioria dos doentes do mal de Alzheimer. Mas quando ocorre é particularmente constrangedora para o cuidador da família. Se o ente querido estiver em uma instituição de cuidados de enfermagem, os membros da família devem se assegurar de que será tratado com dignidade e respeito, e não ridicularizado nem desprezado.

Muitas vezes, uma atitude que parece de natureza sexual é causada por vários outros fatores. Por exemplo: a pessoa que perambula parcialmente vestida, com a blusa desabotoada ou com o zíper das calças aberto, pode simplesmente ter-se esquecido de como se vestir. Devido ao grau de demência, não têm nenhuma consciência de que não está vestida adequadamente.

Uma abordagem calma, gentil, mas firme, para reorientar a pessoa de volta ao quarto ou ao banheiro, onde você pode ajudá-la a vestir-se direito, é quase sempre tudo que é preciso para solucionar o problema. Em clínicas de repouso, tentar arrumar a roupa da pessoa em um saguão movimentado ou uma sala de jantar barulhenta pode provocar uma reação catastrófica: o paciente pensa que está sendo molestado. Há doentes de Alzheimer que gritam "estupro" quando cuidadores com boas intenções tentam ajudá-los.

Se os zíperes das calças estão continuamente abertos e camisas e blusas desabotoadas, mude para calças de enfiar e camisas e blusas do mesmo tipo. Vestidos com zíper atrás são melhores para as mulheres que têm tendência a mexer na roupa que vestem.

A masturbação também ocorre em lugares públicos e é iniciada simplesmente porque dão uma sensação boa para a pessoa com dano cerebral. Distrair a pessoa, chamando sua atenção para outra coisa que ela possa segurar ou tocar, quase sempre funciona. A masturbação também é provocada pela má higiene genital, ou pela coceira relacionada à infecção do trato urinário que estimula coçar a área genital para sentir alívio. Avalie com cuidado possíveis razões físicas ocultas para esse comportamento, como uma melhor higiene.

Propostas sexuais, ou o que é interpretado como tal, são feitas em clínicas de repouso ou ambientes hospitalares, para outros residentes, pacientes, visitantes e funcionários. Muitas vezes, o doente simplesmente confunde a pessoa com o cônjuge querido e a trata como se fosse o próprio. Deitam-se na cama de outro residente do sexo oposto, simplesmente porque sempre dormiram com o cônjuge e não têm ideia de que este não é o seu quarto ou a sua cama. Uma abordagem carinhosa, mas firme, guia a pessoa com demência de volta ao seu quarto e à sua cama; os direitos dos outros residentes precisam ser protegidos, mas as necessidades afetivas de proximidade e companheirismo da pessoa com demência também devem ser consideradas.

O impacto do mal de Alzheimer no relacionamento conjugal, inclusive todas as variadas dimensões de sexualidade e intimidade, são devastadoras para os cuidadores. Como Lore Wright observa em *Alzheimer's Disease and Marriage* [O mal de Alzheimer e o casamento], o poema de Robert Browning que inclui os versos bem conhecidos: "Envelheça comigo! O melhor ainda está por vir..." soa falso para muitos casais quando um dos cônjuges tem Alzheimer.[3]

Talvez seja necessário um aconselhamento conjugal sensível com um profissional que esteja bem familiarizado com o mal de Alzheimer. Outros cônjuges que são cuidadores também podem dar apoio e receber com agrado a oportunidade de partilhar preocupações e estratégias com quem está na mesma situação.

---

[3] WRIGHT, Lore K. *Alzheimer's Disease and Marriage*. Newbury Park: Sage Publications, 1993. p. 7.

CAPÍTULO 9

A luta pela segurança

A segurança é sempre um problema para as pessoas mais velhas, em especial as que vivem sozinhas e têm saúde delicada. Acrescente a demência, e a segurança torna-se uma preocupação exaustiva que pode significar desastre. É preciso tomar medidas preventivas. E, felizmente, há muitas coisas que podemos fazer para garantir a segurança do ente querido e também a nossa.

Tirar as chaves do carro

Muitos de nós dirigimos por hábito. Se o caminho é bem conhecido, é comum não percebermos as diversas ruas pelas quais passamos ou as cidades que atravessamos. Contudo, se acontecer alguma coisa repentina ou inesperada, todos os nossos sentidos ficarão alertas. Em geral, somos capazes de raciocinar, reagir apropriadamente e evitar um acidente.

Entretanto, esse não é o caso dos doentes de Alzheimer, que são incapazes de reagir rápida e logicamente a um acontecimento repentino, inesperado. Pesquisas que compararam pessoas diagnosticadas com Alzheimer e idosos sem sintomas de demência indicam que aquelas com demência demonstram estatisticamente diferenças significativas na capacidade de reagir a situações perigosas, que se costuma encontrar ao dirigir, bem como modificações no poder de executar medidas de emergência para evitar acidentes. Mesmo que a visão permaneça intata e a audição não seja afetada, a capacidade de tomar decisões a respeito do que veem e ouvem – e mesmo a respeito de aonde vão – é cada vez mais reduzida.

> Um dia meu marido deu meia-volta, bem no meio do caminho. No momento, estávamos na avenida principal da cidade. Quando percebi, subíamos uma rua secundária – na contramão.
> Eu disse a mim mesma: "Chega. Não aguento mais isto".

> Eu costumava rezar todos os dias pelos outros motoristas porque meu pai era um maníaco na direção. Ele fora excelente mecânico e motorista, mas, à medida que a doença progredia, foi ficando descuidado e perigoso. Um dia ele me deu uma carona que foi suficiente para deixar meus cabelos em pé. Foi uma das experiências mais tenebrosas da minha vida.

Nossa identidade é, em parte, definida pelo que fazemos, em especial pelo que fazemos bem. Dirigir é uma coisa que se espera que a maioria de nós, principalmente os homens, faça e faça bem.

Dizer a alguém que ele não pode dirigir, que não está a salvo na direção, é um golpe terrível para o ego. Independentemente do grau de debilitação da memória, a pessoa ainda responde em um nível de sentimento quando sua identidade é ameaçada. Em geral, os doentes de Alzheimer não abandonam o volante voluntariamente.

O jeito de meu marido dirigir deixava-me maluca, mas eu não conseguia convencê-lo a parar. Pelo jeito que dirigia, parecia que passara dez dias bebendo.
Eu gritava, berrava, batia os pés. Certa vez até ameacei separar-me dele. Não fazia nenhuma diferença. Ele continuava a insistir que dirigia bem.

Meu carro estava no conserto no dia da reunião da família. Depois da reunião, papai levou-me à oficina e começou a seguir um motociclista. Ele estava a menos de um metro à nossa frente e o coitado não conseguia ir mais depressa. Havia outro carro à sua frente e, com meu pai atrás, estava preso entre os dois.
Eu disse:
– Não acha que está perto demais?
Ele simplesmente lançou-me um olhar feroz e retrucou:
– Oh, está tudo bem.
Ele não entendia que seu julgamento estava errado.

Convencer um ente querido a parar de dirigir talvez seja a coisa mais difícil que tenhamos de fazer como cuidadores. Mas isso precisa ser feito; em geral, quanto mais cedo melhor.

Quando é esse *cedo*? Temos de prestar atenção a nosso ente querido. Só o diagnóstico de demência não é razão para parar de dirigir, mas muitos sintomas associados com a demência progressiva *são* motivos válidos. Se há danos óbvios em outras áreas de comportamento que envolvem julgamento, concentração e coordenação, bem como orientação de tempo, lugar e pessoa, a capacidade para dirigir com segurança também é prejudicada. E só tende a piorar.[1]

Talvez as estratégias a seguir sejam úteis:

- Comece com uma conversa afável. Pode ser que tenha uma surpresa agradável. Seu ente querido vai achar um alívio não ter de dirigir. Não presuma que ele ou ela queira continuar a dirigir.
- Evite julgar ou criticar as habilidades para dirigir. Em vez disse, analise os sentimentos dele e procure sentir empatia. Deve ser fácil: você sabe como se sentiria se estivesse em posição semelhante. Concentre-se nos problemas de segurança envolvidos.
- Uma cuidadora me contou: "Escondi os óculos de meu marido. Escondi as chaves do carro. Tirei a tampa do distribuidor. Desliguei o fio do motor de arranque. O mal de Alzheimer faz a gente agir sorrateiramente".
- Talvez você tenha de fazer algumas ou todas essas coisas a certa altura, se seu ente querido insistir em dirigir, embora talvez uma solução melhor seja afastar da vista o objeto da tentação: o carro. Se você não dirige, isso não deve ser problema. Se dirige,

---

[1] Uma publicação muito útil, disponível gratuitamente para cuidadores, chamada *At the Crossroads*; Family Conversations about Alzheimer's Disease, Dementia and Driving foi elaborada por The Hartford Financial Services Group, Inc. Essa empresa realizou pesquisa com cuidadores e pessoas com demência para saber mais sobre como as famílias enxergam e controlam problemas de direção e transporte, quando um ente querido tem demência. Algumas das informações sobre regulamentos são específicas para os Estados Unidos, mas as informações gerais relacionadas à família são úteis aos cuidadores de qualquer país. Por exemplo, estão incluídos 28 sinais de aviso de problemas para dirigir. Para acessar essas informações com muitas outras dicas úteis sobre dirigir quando diagnosticado com demência, veja: <http://www.thehartford.com/alzheimers/faq.html>.

verifique com um vizinho ou um estacionamento próximo a possibilidade de guardar o veículo para você usar com exclusividade.

- Peça ao clínico geral que fale com seu ente querido ou escreva uma carta ou receita afirmando que ele ou ela não pode mais dirigir.

> O médico ajudou-me e deu certo. Ele levou meu marido ao consultório, pediu que ele se sentasse e disse: "George, há quantos anos você dirige? Você não acha uma boa ideia sentar-se no banco do passageiro e apreciar a vista, enquanto deixa sua esposa dirigir?".
> Acho que foi a voz da autoridade. Nunca mais tive de falar a respeito com meu marido. Ele simplesmente parou de dirigir.

> Meu pai respeitava muito as leis de trânsito e se preocupava em sempre estar com a carteira de motorista. Antes de entrar no carro ele verificava: "Estou com a carteira?".
> Finalmente convencemos o médico de que papai era um perigo na direção. O médico escreveu-lhe uma carta afirmando que ele não podia mais dirigir. Quando recebemos a carta, papai entregou a carteira de motorista a minha mãe. Entregou-a voluntariamente. Ele respeitou a autoridade do médico.

Alguém mais pode ter voz de autoridade na vida de seu ente querido – o médico, a companhia de seguros, um advogado ou o Departamento de Trânsito. Se esse for o caso, peça a ajuda deles. Enfatize a importância da segurança de seu ente querido e dos outros.

As autoridades responsáveis pela habilitação de motoristas e o licenciamento de veículos lidam confidencialmente com consultas sobre incapacidades que afetam a competência de alguém para dirigir. Ao renovar a carteira de habilitação, a pessoa que tem uma doença como a demência, que pode afetar seu julgamento e capacidade para dirigir, atualmente ou no futuro, deve fornecer às autoridades informações sobre sua condição de saúde; deixar de notificá-las é crime. Os médicos também podem entrar em contato diretamente com as autoridades de trânsito, se acharem que um paciente diagnosticado com demência não as notificou. É preciso também notificar a companhia de seguros da pessoa. Se seu ente querido mora sozinho, mas ainda tem desejo de sair por aí, você precisa providenciar um transporte seguro, como um taxista conhecido. Partilhar a responsabilidade com parentes, amigos e vizinhos diminui a responsabilidade.

De acordo com o Estatuto do Idoso, as pessoas acima de 65 anos têm direito ao transporte coletivo gratuito e 10% dos assentos devem estar reservados para elas. Nos transportes interestaduais estão reservadas duas vagas gratuitas em cada veículo para idosos com renda igual ou inferior a dois salários mínimos e se houver mais passageiros nas mesmas condições eles devem ter 50% de desconto no valor da passagem. Em algumas regiões, serviços de táxi podem ser alternativas econômicas. Informe-se também sobre as opções de transporte ligadas a organizações que atendem idosos e que ajudam a satisfazer as necessidades de socialização.

Caso queira contratar auxiliares para atender em domicílio e sinta que é seguro seu ente querido andar de carro, escolha alguém que esteja disposto a dirigir e tenha habilitação. Algumas agências não permitem que os empregados transportem passageiros, mas se esquecem de informar isso quando você recorre a seus serviços.

Talvez você nunca tenha se considerado ousado. Um cônjuge com Alzheimer vai mudar tudo isso, em especial se sair é importante para você. Se não dirige e quer aprender, descubra como ter aulas de direção. Aprender a dirigir aos 55 ou 60 anos não é impossível nem impraticável. De fato, pode ser o melhor presente para você dar a si mesmo agora e para o futuro.

Finalmente, "presenteie" o ente querido. Diga: "Está na hora de você apreciar a paisagem", como uma cuidadora disse com sucesso ao marido. Talvez você descubra que ambos vão se divertir e aproveitar o passeio pela primeira vez em meses.

Lembre-se de que dirigir é uma atividade que se aprende e que depressa se desaprende. É, portanto, uma atividade perigosa para alguém com Alzheimer. Dirigir é também um hábito. Como a maioria dos hábitos, se não é praticado, logo desaparece. É importante que seja impedido antes de ocorrer algum acidente grave ou trágico.

Segurança em casa

A segurança em casa e perto dela é sempre uma preocupação para o idoso, em especial se mora sozinho. Acrescente um pouco de confusão e desorientação, e o potencial para o desastre se multiplica.

> Já não queríamos deixar minha mãe sozinha, nem mesmo por pouco tempo. Estávamos sempre receosos de que ela começasse um incêndio com

o cigarro. Às vezes, ela acendia a ponta errada do cigarro e tentava pô-lo na boca. Ela também derrubava cigarros acesos ou os apertava nos cantos do sofá para apagá-los. Havia uma toalha de plástico na mesa da cozinha que estava coberta de queimaduras de cigarro.

Tínhamos uma pilha de madeira na garagem e um dia encontramos meu pai tentando acendê-la com um maçarico. Rapidamente tomamos o maçarico dele. Nós nos livrávamos de tudo que achávamos que podia ser perigoso.

Um dia encontramos papai acendendo o fogão a gás. Sabe essas luzes de inspeção que são usadas na ponta de um fio comprido? Bem, compramos uma boa, e papai estava com ela. Ele a cortara em pedaços e estava tentando uni-la novamente com as chamas do fogão.
Quando tentei tomá-la dele, papai gritou comigo por comprar uma coisa "barata e de má qualidade". Tudo o que sei é que é preciso estar alerta!

O que oferece risco de segurança para uns pode não oferecer para outros. Um ferro de passar não apresenta nenhum problema para o homem que nunca passou roupa na vida, e uma idosa pode não sentir vontade de remexer na caixa de ferramentas do marido.

Não temos de reconstruir totalmente nossas casas, mas devemos conhecer os hábitos do ente querido. Precisamos ficar alertas. Decida o que oferece risco potencial para ele, lembrando-se de que isso pode mudar à medida que a doença progride. Eis a seguir algumas situações específicas para se levar em consideração.

1. *Previna queimaduras de fogo e acidentes com água e eletricidade*

- Tranque equipamentos elétricos, como secadores de cabelo e barbeadores elétricos, se houver risco de seu ente querido ligá-los e derrubá-los na pia ou na banheira.

- Se seu ente querido já não consegue distinguir o quente do frio, diminua a temperatura do aquecedor de água ou do chuveiro.
- Controle o fumo guardando fósforos e isqueiros com você. Muitos cuidadores descobriram que interromper o hábito de fumar de uma vida inteira é inesperadamente fácil para quem tem Alzheimer. Cigarros, charutos e cachimbos que não estão à vista acabam sendo esquecidos.
- Remova os botões do fogão a gás ou desligue o registro à noite, para o caso de seu ente querido perambular e tentar cozinhar.
- Tire da tomada os aparelhos elétricos da cozinha. Estude a possibilidade de cobrir as tomadas elétricas com protetores adequados.
- Tenha na cozinha um extintor de incêndio que possa ser usado em todos os tipos de fogo. Instale detectores de fumaça em lugares apropriados e teste-os regularmente.
- Planeje rotas de fuga a partir de todos os cômodos para a eventualidade de ser preciso desocupar a casa às pressas.

2. *Minimize cortes e contusões*

- Tranque facas, ferramentas elétricas e outros objetos pontiagudos.
- Cubra com algo macio ou protetores próprios os cantos pontiagudos da mobília.
- Verifique periodicamente se os cristais e objetos de louça não estão lascados.

3. Evite envenenamento acidental

- Mantenha os medicamentos em um lugar seguro e seco, não no armário da cozinha, nem no do banheiro. Se for preciso, tranque-os.
- Tranque os produtos de limpeza ou guarde-os em lugares inacessíveis.
- Tome cuidado com os sinais de envenenamento, que incluem quaisquer dos seguintes sintomas:

    a) náusea, vômito, diarreia;

    b) forte dor abdominal, cãibra;

    c) respiração e/ou pulsação lenta;

    d) suor ou salivação abundante;

    e) queimaduras ou manchas óbvias ao redor da boca;

    f) odores no hálito, tais como de parafina ou terebintina;

    g) inconsciência;

    h) convulsões.

- Se for preciso ir ao hospital, lembre-se de levar com você quaisquer garrafas ou recipientes para mostrar o que foi engolido.

4. Diminua o perigo de quedas

As quedas ficam mais problemáticas à medida que o mal de Alzheimer progride e áreas do cérebro que controlam os músculos e a coordenação são afetadas.

As dicas a seguir ajudam a tornar sua casa segura contra quedas:

- Evite passar muita cera para deixar brilhantes pisos de vinil ou madeira.
- Elimine tapetes soltos ou prenda-os com firmeza, principalmente no banheiro.
- Assegure-se de que todos os fios elétricos e de telefone estejam fora de áreas de tráfego.
- Livre-se de cadeiras que tombam com facilidade. Mobília sólida e conhecida, estrategicamente colocada, é um auxílio para andar.
- Jogue fora o que está espalhado, principalmente nas escadas.
- Remova soleiras de portas elevadas e substitua-as por faixas lisas e planas.
- Ponha fechaduras no topo e na base de portas do porão e de saída. Tranque as janelas, se necessário, ou disfarce-as com cortinas. Também é possível instalar alarmes em janelas e portas.
- Guarde objetos usados com frequência em lugares facilmente acessíveis.
- Ilumine as idas noturnas do quarto de dormir ao banheiro mantendo uma lâmpada fraca acesa durante a noite ou use as luminárias de tomada nos principais cômodos.
- Instale barras de segurança em áreas em torno do vaso sanitário, da banheira e do chuveiro. Use tapetes de sucção ou não escorregadios na banheira e no chuveiro.
- Verifique periodicamente se as solas e os saltos de sapatos e chinelos estão gastos. Solas gastas ou finas são escorregadias.

- Evite bainhas longas e mangas que caem molemente nas roupas de dormir do ente querido.
- As quedas ocorrem com mais frequência no último degrau do topo ou da base das escadas. Pinte esses dois degraus em cores contrastantes ou use faixas brilhantes.
- Assegure-se de que os corrimãos das escadas são firmes e seguros.
- Se for necessário, bloqueie o topo e a base das escadas com um portão forte.
- Na parte externa, assegure-se de que a entrada do carro é bem iluminada, que as áreas de jardim ou piscina estão protegidas e os pisos, em bom estado.
- Se o ente querido precisa de ajuda para caminhar, pense em comprar uma bengala ou um andador. Os andadores para adultos são geralmente de alumínio e têm quatro pés ajustados com alças de borracha; alguns são dobráveis, o que facilita guardá-los no carro. Outra possibilidade é um cinto andador (que também pode ser usado para ajudar a colocar ou tirar a pessoa da cadeira ou da cama com um esforço mínimo por parte do cuidador). Peça uma demonstração ao fisioterapeuta ou à enfermeira.
- Há vários tipos de alarme para serem usados pelas pessoas com demência, a fim de chamar ajuda no caso de caírem e não poderem alcançar o telefone. Podem ser instalados detectores de movimento que permitam a uma terceira pessoa monitorar o movimento ao redor da casa via internet, caso

alguém saia da casa. É útil para observar quedas e também as perambulações.

Contudo, se mesmo depois de tudo isso seu ente querido cair, não entre em pânico. Seja especialmente cuidadoso ao tentar interromper a queda. Aja com calma para avaliar a situação. Pode ser uma emergência, mas provavelmente não oferece riscos à vida.

Se por qualquer razão você desconfiar que exista uma fratura ou um ferimento na cabeça, *não tente mover o ente querido*. Simplesmente, ajude-o a ficar o mais confortável possível. Use um cobertor para impedir calafrios e outro cobertor enrolado ou um travesseiro para apoiar o membro ferido. Então, chame a ambulância. Não peça a amigos ou vizinhos que o ajudem a movê-lo para uma posição mais confortável; isso pode causar maiores danos a um membro fraturado.

Alguns sinais de fratura incluem:

a) dor ou fragilidade na área ferida, que aumenta com pressão ou movimento;

b) deformidade (por exemplo, um quadril fraturado faz uma perna parecer mais curta e girar para fora);

c) inchaço (nem sempre imediato);

d) mancha ou equimose;

e) pontas expostas de osso que romperam a pele;

f) possível choque (pele fria, pálida, pegajosa; pulsação rápida; respiração superficial).

Se você não suspeita de fratura, mas não tem certeza se sozinho pode ajudar o ente querido, peça ajuda. Chame um vizinho, a ambulância ou os bombeiros.

Cair pode ser sintoma de outros problemas, como efeitos colaterais de remédios, visão fraca, pequenos derrames, pressão sanguínea baixa etc. Se você notar quaisquer mudanças óbvias e repentinas na capacidade de seu ente querido para andar pela casa, é desejável um exame físico.

Instrua-se e esteja preparado

Investir em um manual de primeiros socorros ajuda-o a sentir-se mais confiante quando surgir uma emergência. Talvez seja útil comprar um estojo de primeiros socorros ou ter à mão os seguintes suprimentos:

- esparadrapo;
- grandes e pequenos curativos de gaze esterilizada;
- ataduras de crepe;
- fita adesiva cirúrgica;
- tesouras e alfinetes de segurança;
- soro fisiológico para lavar os olhos;
- bolsas de gelo guardados no freezer.

A segurança domiciliar para o doente de Alzheimer é quase a mesma para qualquer outra pessoa: um pouco de bom senso, um pouco de previsão de riscos e um pouco de conhecimento do que e quando fazer ajudam bastante.

Quando a emergência é você

– No caso de uma emergência – eu disse a uma das auxiliares da agência que eu contratara -, posso ser encontrada no número de telefone do meu trabalho.

– Ótimo – ela disse. – Mas e se a emergência for *você*? E se você for atropelada por um ônibus, ou seu carro cair em um buraco? O que eu faço com sua mãe?

Na verdade, eu nunca pensara nisso.

Como cuidadores de pacientes de Alzheimer, esperamos e rezamos para que *nós* jamais acabemos como emergência médica ou cirúrgica, mas essa possibilidade está sempre presente. Ao contrário do que muitos de nós gostaríamos de acreditar, não estamos imunes a desastres ou mesmo à morte.

Eis um bom lema para os cuidadores que se dão conta de que não são imortais: esteja preparado.

Números de emergência

Se auxiliares cuidam de seu ente querido em casa enquanto você está fora, eles devem saber como comunicar-se com você. Providencie para eles uma lista de telefones de emergência que incluam:

- parentes, amigos, vizinhos;
- plano de saúde, hospital e/ou clínico geral (os seus e os de seu ente querido);
- serviços de ambulância e do corpo de bombeiros.

Os cuidadores substitutos precisam saber quem será responsável por seu ente querido se, por acaso, você ficar incapacitado. Quem eles devem chamar? Eles devem também ter o número dos serviços sociais, no caso de não conseguirem entrar em contato com ninguém da sua lista e for preciso fazer arranjos para cuidados emergenciais.

Mantenha em casa uma lista de números de emergência, mesmo se você não contratar auxiliares. Ela estará disponível em ocasiões de necessidade.

Se seu ente querido fica em um centro de cuidados diurnos, é preciso dizer aos funcionários de lá onde você pode ser encontrado e fornecer informações sobre o que fazer se alguma coisa lhe acontecer.

Prepare cadernos de notas sobre cuidados emergenciais

Alguns cuidadores mantêm um caderno com todas as informações essenciais de que outra pessoa necessitará a fim de assumir as responsabilidades em caso de emergência.

O esforço de reservar algumas horas para organizar esse caderno vale a pena e contribui para sua paz de espírito. Será um recurso valioso, se um cuidador substituto vier a sua casa para cuidar de seu parente. Isso também é válido em clínicas de repouso e asilos, se seu ente querido precisa de arranjos de moradia alternativa. Seu caderno pode incluir algumas das informações a seguir:

- *Rotina diária.* Se a pessoa de quem você cuida tem uma rotina diária, é bom incluí-la o mais detalhadamente possível. Por exemplo: 7h – Costuma acordar. 7h15min – Precisa de ajuda para sair da cama e ir para a cadeira higiênica ao lado da cama. 7h30min – Dar banho e vesti-lo. O que seu ente querido faz de maneira independente? Com o que você o ajuda?
- *Necessidades nutricionais.* Quais são os hábitos e problemas alimentares de seu parente? Há alimentos preferidos? Aversões? Alergias? Ele tem um lugar preferido para comer? Alguns pratos ou utensílios prediletos? Seu parente sabe comer sozinho? Costuma tomar um lanche durante o dia?
- *Padrões de sono.* Qual é a rotina da hora de ir para a cama? Os cochilos são comuns? Se perambular à noite for problema, o que você faz para controlar esse comportamento?
- *Preocupações com as idas ao banheiro.* Se existe uma rotina especial de idas ao banheiro para prevenir ou controlar a incontinência, mencione os detalhes.
- *Medicamentos.* Liste o nome de cada remédio, a dosagem e a hora de tomá-lo. A pessoa de quem você cuida engole comprimidos sem dificuldade, ou têm de ser esmagados e dados na comida ou bebida?
- *Problemas especiais de comportamento.* Se existem problemas específicos como perambular ou "síndrome do pôr do sol", inclua-os. (Veja mais exemplos no capítulo 8.)
- *Histórico social.* Anote tudo que facilite a comunicação com seu parente – o nome pelo qual ele ou ela goste de ser chamado(a),

informações sobre gostos, aversões, interesses, ocupação. Ajude o cuidador substituto a conhecer seu ente querido como uma pessoa com a qual se relacionar, não como um problema a solucionar.

Como zelar por seu ente querido

É impossível preparar-se para toda calamidade que possa ocorrer em nossa vida de cuidadores. Mas diversas medidas adicionais de segurança proporcionam importantes salvaguardas contra o desconhecido.

Por exemplo, se você tem saúde frágil, programe seu telefone e o celular para ligar para a emergência com um número de "discagem rápida".

Bijuterias de identificação são fundamentais para seu ente querido, no caso de vocês dois envolverem-se em um acidente ou se você ficar doente de repente.

Se subitamente você precisar ir para o hospital e não houver tempo para fazer arranjos emergenciais, insista que seu ente querido vá com você. Notifique o assistente social do hospital a caminho ou na chegada, para que sejam feitos preparativos especiais para os cuidados dele ou dela. Leve números de emergência com você, na carteira ou na bolsa.

Às vezes é prudente planejar para arranjar alguém que tenha uma procuração para agir em seu nome e no do seu ente querido, no caso de você ficar incapacitado. Converse sobre isso com seu advogado ou num departamento de assistência jurídica. Talvez você também queira autorizar alguém para receber pensões e benefícios e movimentar a conta bancária, se tiver dificuldade para sair de casa.

Nunca é agradável pensar em doenças, mas negar essa possibilidade com certeza trará tristeza futura se, de repente, ficarmos dependentes.

Planeje antecipadamente. Esteja preparado.

PARTE **3**

Como cuidar de você mesmo

*As lições mais profundas vêm
das águas mais profundas e dos fogos mais intensos.*
Elizabeth Eliot, *A path through suffering*

CAPÍTULO 10

Gente que ajuda

Sempre me considerei uma pessoa ativa. Meu estilo de vida solteira durante muitos anos se exprimiu em um trabalho de tempo integral, mais numerosas atividades fora de casa. Cuidar de meus pais idosos com problemas de saúde (meu pai foi diagnosticado com câncer) ameaçou mudar tudo isso.

Os caros cuidados particulares estavam fora de questão, pois meus pais e eu não éramos muito abastados. Nossa renda coletiva não era baixa o suficiente para participarmos de programas sociais de saúde oferecidos pelo Governo, nem alta o bastante para arcar com os particulares. Além disso, vários atendimentos disponíveis em áreas metropolitanas não estavam disponíveis em nossa região, predominantemente rural. Não demorei a perceber que medidas criativas e que reduzissem custos eram desejáveis, se eu quisesse manter minha saúde física e emocional. Cuidar de um doente afeta a ambos. Se quisesse continuar a trabalhar em tempo integral ou mesmo meio período, eu sabia que ia precisar de recursos adicionais e de gente capacitada.

Um versículo bíblico diz: "Carregai os fardos uns dos outros" (Gl 6,2). Há muitos fardos que podemos nos ajudar mutuamente a carregar. Como cuidadores, necessitamos da ajuda de outras pessoas. Temos de aprender a pedir ajuda. Também aprender em quem nos apoiar, quem chamar para nos auxiliar.

Apoiar-se nos outros não é sinal de fraqueza. Admitir que ocasionalmente carecemos da ajuda de outras pessoas é sinal de força – bem como grande alívio. Permitir que os outros nos prestem assistência fortalece-nos em nossas responsabilidades de cuidar.

A ajuda vem em muitas formas e de um número surpreendente de lugares. Os serviços específicos variam, dependendo do país e da região em que você vive, mas há muito auxílio disponível. Este capítulo examina uma variedade de sistemas de apoio disponíveis para o cuidador e apresenta algumas sugestões para usá-los. Cuidar é difícil, mas não tem de ser um fardo insuportável. Há muitas maneiras de torná-lo mais leve.

Grupos de apoio

Minha mãe perambulava, nunca dormia à noite, e repetia as mesmas palavras e frases dezenas de vezes por dia. Mas era meu pai que precisava de mais ajuda. Mamãe era bem cuidada, mas papai sofria devido a emoções desgastadas, fadiga e um espírito debilitado.

Ele precisava de um grupo de apoio. E quando voltei para casa a fim de ajudá-lo a cuidar de minha mãe, descobri que eu também carecia de um.

Pouco depois que voltei para casa, uma nota no jornal de nossa região dava o número do telefone de um grupo de apoio para Alzheimer. Telefonei e falei mais de uma hora com um membro do local. Ela me convidou para uma reunião e me incentivou a levar mamãe a um médico que estaria disposto a fazer um exame físico completo, inclusive uma variedade de exames de sangue e uma tomografia computadorizada. Disse que papai e eu suportaríamos melhor as coisas se soubéssemos com o que estávamos lidando e pudéssemos partilhar nossas preocupações com os outros.

Ela tinha razão.

Grupos de apoio organizado ou de autoajuda existem em todos os lugares, onde quer que haja pessoas que exijam cuidados. Reúnem-se em casas, hospitais, clínicas de repouso e igrejas. São de todos os tipos e tamanhos, adaptando-se às várias necessidades representadas pelos membros do grupo. Alguns são formais, com programas bem estruturados. Outros são discussões informais. Alguns são uma combinação dos dois. Independentemente de sua estrutura, os grupos de apoio são formados por outras pessoas que lhe darão amparo quando você estiver deprimido.

Quando telefonei ao grupo de apoio local, descobri que papai e eu não estávamos sozinhos. Havia muito mais pessoas em nosso município, algumas até em nossa vizinhança, que realmente entendiam nossa situação. Estavam *em* nossa situação.

Às vezes você se sente como se fosse a única pessoa no mundo com uma situação familiar como a sua. E então você vai a uma reunião de um grupo de apoio e percebe que há outras pessoas na mesma situação que você.

Às vezes sinto-me muito solitária. Tenho amigos, mas eles não são os mesmos amigos que fiz por intermédio do grupo de apoio. Acho que preciso de ambos.

Os grupos de apoio contribuem para nosso bem-estar emocional e espiritual.

Depois de algum tempo, começamos a imaginar se estamos vendo as coisas na perspectiva certa. É como se lidássemos sozinhos com alguma coisa. Mas quando conseguimos falar com outras pessoas e escutar suas experiências, percebemos que ainda estamos bem. Não estamos perdendo a cabeça.

O grupo de apoio era um lugar onde eu podia compartilhar meus verdadeiros sentimentos. Mesmo os negativos – minha culpa e minha dor. Ninguém nunca disse: "Você não devia sentir-se assim", porque todos sabiam exatamente o que eu sentia. E por quê.

Os grupos de apoio nos oferecem mais do que apenas um ouvido amigo. Muitas vezes sua ajuda vem de forma bastante prática e material.

A generosidade do grupo de apoio emocionou-me. Eles levantaram o dinheiro para nossa viagem e o pernoite em um hotel, quando tive de levar meu marido a um centro de pesquisa para que ele participasse dos testes com um remédio experimental.

Rimos bastante em nosso grupo de apoio. Não de nossos entes queridos, mas de algumas das coisas que eles fazem. Muitas coisas são engraçadas, embora não o tempo todo, quando em geral estamos zangados e frustrados. Mas depois que tudo acaba, precisamos saber compartilhar. E rir. Não é possível fazer isso com todo mundo. Algumas pessoas se ofenderiam e diriam que temos um senso de humor doentio. Mas muitos de nós percebemos que o riso é terapia.

Os grupos de apoio ajudam até com decisões difíceis, como a de internar ou não nosso ente querido em uma instituição, ou de requerer uma autópsia.

O grupo de apoio encaminhou-me a um hospital psiquiátrico especial onde meu marido está agora. Um membro do grupo, que sabia que eu não conseguia encarar o fato de meu marido precisar ser internado, disse-me: "Já pensou em um hospital psiquiátrico? Minha mulher está lá há dez anos e tem recebido cuidados excelentes. Não se deixe levar por preconceitos contra "instituições para doentes mentais".

Telefonei para o hospital. Nunca teria feito isso sem incentivo. É um ótimo lugar.

Foi no grupo de apoio que pela primeira vez ouvi falar da necessidade de exames *post mortem* e como fazer os arranjos para isso. O grupo ajudou-me a pôr em ordem meus sentimentos e a tomar uma decisão.

Os grupos de apoio não servem só para cuidadores com entes queridos que ainda estão vivos. Muitos grupos incluem cônjuges e parentes sobreviventes. Suas razões para continuar o envolvimento são várias.

Minha mulher morreu há quatro anos e ainda frequento o grupo de apoio. Sinto que, depois de passar por tudo isso, talvez eu possa ajudar outra pessoa. Acho que é assim que todos nós que perdemos cônjuges ou pais nos sentimos. Nossas provações acabaram, mas talvez possamos ajudar alguém cujas provações ainda estão acontecendo.

O grupo de apoio satisfaz a necessidade que tenho de ajudar outras pessoas. Tenho esperança de que o pouco que compartilho ajude a aliviar os problemas dos outros.

Os grupos de apoio não são só para quem cuida de familiares em casa. Muitos cuidadores com entes queridos em clínicas de repouso ou hospitais continuam a frequentar as reuniões.

> Muita gente que vem ao nosso grupo de apoio tem parentes em clínicas de repouso. Às vezes visitá-los na clínica de repouso é mais difícil do que se eles estivessem em casa conosco. É um tipo diferente de dificuldade. Ainda precisamos de apoio.
>
> O grupo do qual realmente faço parte reúne-se na clínica de repouso onde minha mãe está. É ótimo. A assistente social o dirige e temos oportunidade de fazer perguntas. Eles trazem diversos palestrantes e aprendemos bastante. É um grupo bem simpático.

Os grupos de apoio não são algo de que a gente deva se sentir obrigado a participar. Pode haver um tempo certo e um tempo errado para isso:

> Minha primeira experiência na reunião de um grupo local foi traumática. Eu não queria ouvir o que poderia acontecer com meu marido. Ele ainda não estava tão mal e eu não podia encarar a ideia de que ficaria largado numa cadeira o dia inteiro, brincando com os cordões do sapato. Naquele tempo ele ainda dirigia e eu não queria saber como as coisas iam ficar ruins. Fui ao grupo uma vez e só voltei um ano depois. Então eu estava pronta para ouvir.
>
> Sou uma pessoa muito discreta. Simplesmente não consigo partilhar meus sentimentos em um grupo. Fui uma vez e me senti desconfortável. Mas mantenho contato com vários membros do grupo de apoio. Isso ajuda muito.

Os grupos ajudam mesmo quem acha que não se sentiria confortável expressando suas preocupações na frente de outros, e quem simplesmente não pode frequentá-los por causa das responsabilidades.

Durante dois anos não consegui ir até o grupo de apoio. Eu não tinha ninguém que cuidasse de minha mulher. Por isso alguns membros do grupo vinham individualmente visitar-me. Serei sempre grato a eles.

Como esses cuidadores mencionaram, muitos grupos de apoio têm membros que estão dispostos a conversar ao telefone, enviar informações ou indicar recursos e bibliografia apropriada. Também dão sugestões sobre problemas de administração e outras preocupações, tais como finanças e colocação em clínicas de repouso. E às vezes fazem visitas domiciliares para incentivar os cuidadores impossibilitados de comparecer às reuniões.

Para saber a respeito de grupos de apoio em sua área, entre em contato com a Sociedade Brasileira de Alzheimer (ABRAZ),[2] uma entidade sem fins lucrativos que atua na área de educação e conscientização dessa doença, formada por familiares de pessoas com Alzheimer e profissionais das mais diversas áreas, além de possuir um corpo de voluntários. Eles o ajudarão a iniciar um grupo de apoio, se não houver nenhum próximo a você.

Os grupos de apoio não são só para adultos. Também incluem adolescentes. Se houver muitos cuidadores com filhos adolescentes, pense em formar um grupo separado para os jovens. Se for necessária orientação, pode estar disponível por meio de um membro do grupo, ou de outro membro da comunidade, tal como um psicólogo, psicoterapeuta ou consultor. Reunir adolescentes e pais em um lanche informal ou num almoço simples talvez seja

---

[2] Os endereços dos grupos podem ser encontrados no site da entidade, disponível em: <http://abraz.com.br>.

um bom jeito de começar. *Helping Children and Teens Undserstand Alzheimer's Disease* [Como ajudar crianças e adolescentes a entender o mal de Alzheimer], por exemplo, é um folheto útil, disponível na Alzheimer's Society dos Estados Unidos e também *on-line*.[3]

Por último, os grupos de apoio ajudam o cuidador a sentir-se mais no controle daquilo que parece ser uma situação incontrolável. Auxiliam-no a participar ativamente da batalha contra o mal de Alzheimer de várias maneiras.

> Nosso grupo local faz muito na comunidade. Patrocinamos debates, indicamos palestrantes para igrejas e clubes, distribuímos literatura em centros de saúde e até nas feiras. Ajudamos a instruir a comunidade e aumentar a percepção.

> Por meio do grupo de apoio aprendi a me envolver mais politicamente, a pegar minha experiência de dor e fazer uma pequena diferença no mundo. Escrevi cartas a políticos sobre as necessidades financeiras das famílias dos doentes de Alzheimer. Depois fui a algumas reuniões do conselho de saúde da comunidade. Um dia desses talvez eu até tenha coragem de falar mais publicamente a respeito.

Um lema criado pela Alzheimer's Association dos Estados Unidos no fim da década de 1980 era: "Alguém para defendê-lo". O lema para os grupos de apoio locais bem poderia ser: "Alguém para caminhar com você". É isso que tais grupos têm a oferecer.

---

[3] Há vários textos que podem ser copiados, inclusive para adolescentes e crianças e a respeito deles, disponíveis no seguinte website: http://www.alz.org/alzheimers__disease_publications_alz_basics.asp>.

Amigos e parentes

Alguns cuidadores relatam que seu círculo de amigos tornou-se mais restrito em resultado da doença do ente querido. Outros descobriram muitas novas amizades. Uma coisa é certa para todos: se não fosse pelos amigos em quem confiar, cuidar seria um trabalho muito solitário.

> Tenho uma amiga maravilhosa que posso procurar a qualquer hora. Nossa amizade se fortaleceu ainda mais há cerca de três anos, quando ela caiu e quebrou o quadril. Depois que saiu do hospital, eu ia a sua casa todos os dias e a ajudava a pôr os sapatos e as meias. Às vezes, eu ia de manhã bem cedo, antes de meu marido levantar-se. Outras vezes eu o levava comigo. Eu lavava os pés dela, quando precisava eu lhe cortava as unhas dos pés, e conversávamos. Certa vez, ela me disse: "Quero pagá-la por me ajudar". E eu retruquei: "Está maluca? Você não sabe quanto custa um bom psiquiatra? Eu é que devia lhe pagar!".
> Ela é maravilhosa. Ela me ouve!

Vizinhos e parentes também são úteis, quando precisamos de um pequeno intervalo nos cuidados do dia.

> Eu tinha uma vizinha que era muito boa para nós. Eu levava minha mãe a sua casa uma vez por semana, onde ela ficava assistindo à tevê. A vizinha dizia que ela não dava nenhum trabalho, de modo algum.

> Nossa vizinha sempre tinha uma porta aberta, o que era bom porque minha mãe perambulava e passava muito por ela! A vizinha a convidava a sentar-se, dava-lhe uma xícara de café e nos ligava para dizer que minha mãe estava lá e estava bem.

> Minha nora é cabeleireira. Todo sábado ela faz o cabelo de minha mulher em sua casa, o que não é muito fácil, porque minha mulher não para quieta

e levanta-se o tempo todo. É a minha folga. É a única oportunidade que tenho durante a semana de cortar a grama ou conversar ao telefone sem ser interrompido.

Há casos em que os amigos e vizinhos nos evitam. Isso geralmente acontece por causa da reação deles ao mal de Alzheimer, não devido a uma atitude indiferente ou de grosseria.

Visitar alguém com Alzheimer talvez lembrem nossos amigos e vizinhos do seu próprio envelhecimento e sua mortalidade, duas coisas que muita gente gostaria de esquecer. As razões para que sejam vistos pelos cuidadores como amigos somente nas horas boas ou vizinhos indiferentes variam.

> Eu realmente queria fazer mais visitas, mas não conseguia. Sei que a mulher de meu melhor amigo achava que era falta de atenção de minha parte. Mas não era. Eu estava simplesmente amedrontado. Agora que ele morreu, sinto-me culpado. O que posso dizer?

O mesmo vale para parentes que você julga terem "abandonado o navio" que afundava e se esquivam de suas responsabilidades. Os cuidadores muitas vezes expressam sentimentos de raiva, ressentimento e frustração por causa do afastamento que sofrem. Entretanto, talvez esses parentes simplesmente sejam incapazes de encarar os próprios temores e a fragilidade de seu ente querido.

> Você deveria ter visto o irmão da minha mulher. Ele ficou furioso quando descobriu que ela estava em uma clínica de repouso. Quando finalmente foi visitá-la, ela não o reconheceu. Ele me disse: "Eu não sabia que ela estava tão mal". Respondi: "Durante três anos tentei lhe dizer, mas você não acreditou". Mais tarde ele me falou que não queria acreditar.

Incomoda-me o fato de meu filho mais velho não ter ido ver a avó por mais de três anos. Mas parece que ele não consegue aceitar. Fica emotivo quando está lá e começa a chorar. E ele tem 38 anos. Por um lado, acho que deveria fazer um esforço para ir. Mas aí lembro que ela não o conhece. Talvez não tenha importância.

Em nosso caso, tem sido muito mais difícil para os dois irmãos mais velhos fazerem visitas. Eles não conseguem enfrentar a situação. Em uma emergência, talvez eles ajudem, mas não agora, não quando a situação é estável. Eles lidam com as próprias preocupações quanto a seu futuro, sua mágoa e dor ao enfrentar as circunstâncias atuais. Sei que é muito doloroso, eu também sofro. É difícil principalmente para meu pai e minha mãe.

Meu irmão mora em outro estado e, quando telefona, nunca fala sobre papai. Ele guarda seus sentimentos para si mesmo.
Um dia, ele veio nos visitar e foi conosco à clínica de repouso. Ele não queria ir, mas eu lhe disse: "Você está longe há muitos anos e não faz ideia do que se passa. Creio que seria bom se você fosse ver papai. De fato, talvez você pense que é muito pior do que realmente é".
Assim, meu irmão foi conosco e nos sentamos e conversamos com papai, ou melhor, minha mãe e eu nos sentamos e conversamos com papai. Não creio que meu irmão entendesse como podíamos estar tão tranquilos. Conversamos, rimos e demos o almoço a papai, enquanto as crianças estavam ao fundo, martelando o piano. Meu irmão sentou-se e nos observou sem dizer uma palavra. Em certo momento perguntei: "Está contente por ter vindo?". E ele disse: "Sim". E foi só.
É triste, porque acho que meu irmão está morrendo por dentro todos esses anos. Seu melhor amigo diz que meu irmão também não fala a respeito com ele. Talvez seja uma forma de lidar com o problema. Assim espero.

Todos gostaríamos de pensar que uma doença crônica como o mal de Alzheimer deve unir mais os parentes e os amigos, não os separar. De certo modo, faz as duas coisas, dependendo até

certo ponto de nossa atitude como cuidadores e de nossa disposição para entender e ajudar nossos outros entes queridos. Às vezes, temos de ser gentis e magnânimos em meio a nossos próprios tumultos emocionais. A vida é muita curta e os relacionamentos valiosos demais para guardarmos ressentimentos.

Contudo, em certas ocasiões o problema não é, de modo algum, a dificuldade para lidar com emoções. Nem todos se sentem à vontade para ser cuidadores ou na presença de pessoas física ou mentalmente debilitadas. Parentes e amigos talvez não saibam o que fazer. Podem se sentir constrangidos. Ou querer ajudar, mas com receio de invadir nossa privacidade. Às vezes precisam de nossa permissão para nos auxiliar. Podemos fazer isso, pedindo-lhes ajuda ou conselhos.

Há muitas maneiras de amigos e parentes oferecerem apoio ao ente querido e ao principal cuidador. Uma cuidadora contou-me como a família toda se envolve no cuidado da mãe, embora estejam separados pela distância. Ao que parece, a geografia não é uma barreira para essa família. Ainda que a distância impeça o cuidado diário, eles fazem visitas periódicas e trabalham como uma equipe. O filho é o solucionador de problemas. Ele usa suas habilidades para ajudar com dificuldades legais e financeiras. Uma das irmãs é a organizadora. Conseguiu para os pais um serviço domiciliar de entrega de alimentos, uma vaga num centro diurno de assistência e coordenou as informações sobre um programa de remédios experimentais do qual sua mãe veio a participar. Outra filha é a administradora do lar. Quando visita, leva a mãe para fazer compras, conserta roupas e leva para casa a roupa suja que precisa de lavagem especial, ajudando de maneira prática. Uma terceira irmã é a coletora de opiniões, a ouvinte. Sua visita dura um mês e ela oferece estímulo e apoio emocional.

Às vezes esse apoio surge natural e espontaneamente. Em outras situações, é bom ter uma reunião familiar para planejamento, no início do processo da doença. Isso ajuda a identificar e coordenar as habilidades com as quais os membros da família podem contribuir à medida que a doença progride e aumentam as necessidades do ente querido.

- Contribuir financeiramente é um modo eficiente que alguns parentes encontram para participar do fardo de cuidar. Os cuidados são caros. Mesmo que a maior parte das despesas seja coberta pelo Sistema de Saúde Único (SUS) ou pela Previdência Social, há sempre itens de despesa extra; por exemplo, alguns produtos para incontinência, alimentos especiais, conserto da cadeira de rodas, sem mencionar as folgas do cuidador.

- Não raro os membros da família que moram em outras partes do país frequentam grupos de apoio, o que lhes dá uma imagem mais realista do que o cuidador principal está passando e do que o ente querido está sofrendo. Além disso, aprendem mais sobre o mal de Alzheimer assistindo a debates e trocando livros ou DVDs. As informações que adquirem podem ser partilhadas mesmo à distância.

- Nunca subestime o valor de cartas, e-mails ou telefonemas. Para o cuidador principal, o sentimento de solidão não diminui com o passar dos anos – por mais envolvido que ele esteja na comunidade ou em um grupo de apoio. Notas reais de apoio e incentivo ajudam a manter e fortalecer laços familiares.

Cuidar é realmente um assunto de família. É hora de compartilhar, importar-se e carregar os fardos uns dos outros, de formas perceptíveis e práticas.

Os pequeninos

> Meu neto de 5 anos adora a avó. Quando minha filha o leva à clínica de repouso para visitar, ele sobe no colo de minha mulher para beijá-la. Então ela sorri, exatamente como nos velhos tempos. Ele é o único que a faz sorrir assim. Quando ele está no corredor, minha mulher reconhece-lhe a voz. Ela até grita para as enfermeiras: "É meu garoto. Deixem-no entrar!". Minha mulher sempre se acalma quando ele chega.
> Eu disse a meu neto que eu gostaria que pudéssemos ter sua avó de volta em casa conosco. Sabe o que ele me disse? "Tudo bem, vovô. A vovó está doente, mas a gente vai continuar amando ela".

Recém-nascidos. Bebês. Crianças pequenas ou em idade escolar. Adolescentes. Se você tem algum deles na família ou pode pegar alguns "emprestado" dos amigos, elas são fonte de alegria para você e seu ente querido. Relacionar-se com seu ente querido é também uma alegria para eles.

Ocasionalmente, as crianças ficam amedrontadas com o comportamento estranho da avó ou do avô, mas a maior parte do tempo não se perturbam e o aceitam.

> Mamãe e o neto de 4 anos se dão muito bem. Para um garoto de 4 anos, tudo no mundo é novo e tudo está como devia estar. Portanto, se vovó

está confusa e esquecida, tudo bem. Deve ser normal. Aceitamos esse comportamento. E ele faz o mesmo.

Quando contratei cuidadores domiciliares para minha mãe, uma das assistentes tinha dois filhos de 7 e 8 anos de idade. Ela os trazia para o serviço no verão e eles sempre vinham depois das aulas durante o ano letivo. Mamãe os chamava de "coisinhas fofas" (adjetivo que ela também usava quando se referia a pequenos animais e a algumas de minhas amigas mais velhas). Mas parece que eles não se importavam. Ela também lhes afagava bastante a cabeça e os abraçava calorosamente. Eles aceitavam suas expressões de afeto e retribuíam na mesma moeda. Para eles, ela era a "vovó".

Certa vez cheguei em casa do trabalho e descobri mamãe e as duas crianças trabalhando duro em um projeto especial que as próprias crianças tinham criado. Haviam trazido seus cadernos de colorir, e também um para minha mãe. Os três estavam se divertindo muito, pintando sentados à mesa da cozinha. Minha mãe, a artista, estava novamente em ação.

Com o passar dos meses, mamãe perdeu a capacidade de segurar o giz de cera. Enquanto podia pintar, era um prazer vê-la interagir com as crianças, mesmo que por curtos períodos de tempo e ver a consideração das crianças por ela, aceitando alguns dos comportamentos diferentes como parte normal da vida de uma "avó adotada" com Alzheimer.

Uma semana antes de meu pai morrer, uma das crianças escreveu uma carta para minha mãe. Parece-me um lembrete apropriado da importância das crianças na vida de nossos entes queridos – um lembrete do que o amor significa:

Querida Pearl

Oi! Como você está hoje? Gosto muito de você. Você é minha melhor amiga. Você é mais que uma amiga. É como uma vó para mim e será sempre uma vó para mim. Porque eu a amo tanto que você sempre estará em meu coração. Você é tão legal e carinhosa, e sempre estará em meu coração e em meus sonhos. E por isso Deus a ama como eu a amo. Ele a ama também. Ele me ama e sempre tomará conta de você se eu não puder. Ele sempre cuidará de você, Pearl, porque eu a amo e amo Deus também.

De Tanya L. Rood para Pearl

CAPÍTULO 11

Sistemas de apoio aos cuidadores

Papai era muito agressivo. Abrandou-se um pouco quando envelheceu, mas seu humor piorou quando o mal de Alzheimer se desenvolveu. Era muito difícil para minha mãe. Ela era o tipo de pessoa que aceitava tudo e não retrucava. Mas havia ocasiões em que ela ia para seu quarto, fechava a porta, chorava, gritava e gritava – só para se livrar da tensão. Não sei como não teve um colapso nervoso. Dez anos e nenhuma folga.

À medida que o mal de Alzheimer progride, muitos cuidadores precisam de algum alívio de curto prazo, bem como de períodos mais longos de folga. Inicialmente, um voluntário ou um enfermeiro pode vir por algumas horas durante a semana. Amigos ou parentes talvez estejam dispostos a desempenhar o papel de cuidador por um dia ou um fim de semana. Entretanto, uma ausência prolongada geralmente exige arranjos mais formais. Algumas opções estão disponíveis, dependendo do lugar onde se mora, da situação financeira e das necessidades individuais.

Usar os serviços comunitários e de cuidados disponíveis possibilita-nos manter nosso ente querido em casa enquanto for seguro e desejável. Eles não se destinam a assumir totalmente nossas responsabilidades de cuidar, mas a dar a ajuda de curto prazo de que precisamos para descansar, reorganizar a vida e recuperar a força e os recursos pessoais. Ficamos então mais bem preparados para dar conta do recado quando voltamos para casa.

Cuidados domiciliares

Os serviços formais em domicílio, recrutados por meio de agências, planos de saúde, serviços sociais e centros comunitários, incluem vários tipos de apoio. Os níveis de cuidados incluem assistentes e serviços de enfermagem mais especializados, à medida que as necessidades ficam mais cruciais em casa e a demência, em estado mais avançado.

Os cuidadores citam com frequência o valor da assistência domiciliar.

> Os auxiliares de uma agência local de cuidados domiciliares vinham duas vezes por semana para dar um banho em meu marido, barbeá-lo e dar-lhe o café da manhã. Depois do café, levavam-no para um passeio. Era muito bom ter algumas horas para mim mesma.

> Sou aposentado, mas tenho um emprego de meio expediente, lecionando duas tardes por semana. Pedi a ajuda de voluntários, quando percebi que era preciso alguém para ficar com ela, enquanto eu estava no trabalho. Meu maior apoio vinha desses voluntários.

O auxílio domiciliar era maravilhoso. Era a minha salvação. A garota que vinha era ótima. E eu trabalhava fora de casa todos os dias. O trabalho era realmente minha folga. Eu não teria aguentado ficar em casa o dia inteiro.

Se você está procurando serviços domiciliares, as dicas a seguir podem lhe servir:

- Fale com outros cuidadores que contrataram auxiliares. Que serviços eles usaram? Eram confiáveis e seguros?
- Peça informações sobre serviços a seu clínico geral ou no centro de saúde local. Ligue para os serviços sociais que lhe dirão o que está disponível em sua região e a que tipo de ajuda e assistência financeira você e seu ente querido têm direito. Antes de acessar qualquer serviço previsto por lei, você será convidado a participar de uma avaliação de cuidados. Assistentes sociais fazem avaliações de cuidados comunitários nos cuidadores e na pessoa que recebe os cuidados, para determinar necessidades e pertinência para vários serviços proporcionados pelo Governo em diversos estágios de demência. Também vale a pena entrar em contato com a ABRAZ, ou com qualquer outra organização comunitária, e explicar o que você precisa. Mesmo que as pessoas com quem você entrar em contato não puderem providenciar os serviços diretamente, devem poder recomendar-lhe agências que o possam.[1]
- O cuidado do serviço de saúde varia conforme a região, mas talvez inclua enfermeiros psiquiátricos que ofereçam ajuda e

---

[1] No site <http://direitodoidoso.braslink.com/06.html> você encontrará diversas informações relacionadas aos idosos, inclusive sobre o mal de Azheimer.

conselhos valiosos para o dia a dia, tais como dar banho, vestir, alimentar, medicar e outras preocupações práticas na casa; a ajuda básica com as atividades da vida cotidiana é em geral dada por atendentes treinados por agências e serviços sociais. Serviços noturnos de enfermagem ajudam a pôr um idoso confuso na cama e zelar por noites tranquilas para os cuidadores; em geral, estão disponíveis para pessoas com demência em estado avançado.

- Se você precisar de ajuda nos cuidados dispensados em casa depois da alta hospitalar de seu ente querido, entre em contato com a assistente social do hospital assim que possível. Em geral, você pode fazer isso por meio do pessoal de enfermagem na ala do hospital onde seu ente querido está, que o ajudará a fazer arranjos pós-hospitalares. É provável que você seja convidado a participar de reuniões para discutir planos de alta. Certifique-se de combinar a data e a hora da alta e assegure-se de estar satisfeito com os planos para os cuidados e qualquer ajuda adicional necessária em casa antes da alta efetiva. É muito mais fácil ter serviços antecipados organizados antes de você ir para casa do que chegar lá e perceber que precisa de mais ajuda.
- Os serviços sociais, em geral, coordenam o trabalho de assistência domiciliar para os cuidadores, mas há outras opções, como contratar por intermédio de uma agência tradicional bem conceituada. Os serviços da agência talvez incluam treinamento e supervisão de trabalhadores em cuidados domiciliares, criação de um plano específico de cuidados, apresentação de trabalha-

dores substitutos, se o agendado ficar doente, e fornecimento de vários níveis de serviços que vão desde cozinhar, limpar e fazer compras, até cuidados pessoais diretos.

- Questione ao máximo a agência, quando for pedir informações e contratar serviços. Informações por escrito também devem estar disponíveis a respeito dos trabalhos prestados, da certificação, de taxas de pagamento. Muitas delas mantêm *websites* com informações que os cuidadores precisam.

- No Brasil, o Estatuto do Idoso, aprovado em 2003, garante direitos e estipula deveres para melhorar a vida de pessoas com mais de 60 anos.[2] No caso dos que sofrem de demência e têm 65 anos ou mais, são-lhes assegurados subsídios de assistência, os quais não dependem de investigação para avaliar a situação financeira do benefiado, mas são determinados unicamente pela necessidade de cuidados. Os benefícios variam para cada situação, por isso é importante informar-se.

  Muitas despesas dos cuidados domiciliares são dedutíveis no imposto de renda para cônjuges e filhos que são cuidadores principais. Não deixe de guardar todos os recibos relacionados com remédios e fazer registros exatos de despesas.

- Também é possível contratar diretamente. Muitas pessoas – homens e mulheres – de bom coração e habilidosas nos cuidados de idosos procuram empregos como cuidadores domiciliares. Os jornais e as revistas costumam conter anúncios de indiví-

---

[2] Para mais informações sobre esse Estatuto, acesse <http://planalto.gov.br/ccivil/LEIS/2003/L10.741.htm>.

duos à procura de emprego, que podem ser ou não treinados e ter experiência anterior em cuidados domiciliares, clínicas de repouso ou ambientes hospitalares, embora o treinamento em si não seja necessariamente indicação da confiabilidade e honestidade de um cuidador informal. Evite contratar pelo telefone. É melhor fazer os candidatos virem a sua casa para uma entrevista pessoal. Descubra quaisquer problemas de saúde. Serão capazes de controlar fisicamente seu ente querido? Vão precisar levantar peso? Conseguem? Discuta a remuneração (eles costumam estabelecer um preço por hora) com base no que eles querem ganhar, no que você pode pagar e no que você acredita ser o preço justo.

Para minimizar os riscos, peça aos empregados em perspectiva diversas referências, de preferência de empregadores anteriores. Ligue para eles. Um bom empregado não se importará com isso nem julgará uma intromissão. Comunique-se com outros cuidadores que talvez tenham contratado ajuda no passado. Uma fonte de informações sobre cuidadores faz com que você saiba quem merece ou não confiança.

- Programas universitários e hospitalares de enfermagem e cursos afins também são úteis fontes de ajuda nos cuidados domiciliares. Os estudantes quase sempre procuram emprego de meio período. Às vezes são de outra cidade e também buscam um lugar para morar. Uma estudante morou conosco durante dois anos. Em troca de casa, comida e um pequeno salário, ela cuidava de minha mãe e me possibilitou manter um emprego de horário integral. Ela tinha os fins de semana e as noites livres, e estava sempre disposta a me ajudar quando eu precisava de um tempo extra para mim mesma.

Telefone para agências específicas e peça informações, ou procure na internet. Há muitas informações e arquivos que podem ser acessados e copiados gratuitamente.

Centros diurnos para adultos

"Se ao menos existisse um lugar onde eu pudesse deixar minha mãe para passar o dia. Eu precisava apenas de um dia de folga de vez em quando", disse uma cuidadora. Esses lugares existem. Centros de cuidados diurnos para idosos (CCDs) proporcionam socialização, alimentação controlada por nutricionistas e ambiente estruturado e supervisionado, com ampla série de atividades.

Disponibilidade, critérios de elegibilidade e custo de serviços de cuidados diurnos variam bastante, mas costumam ser uma das formas mais econômicas de ajuda para o cuidador.

Muitos centros de cuidados diurnos para idosos são administrados pelas autoridades locais ou grupos de voluntários; outros estão filiados a hospitais geriátricos ou clínicas de repouso, e neles localizados. Alguns centros cuidam de todos os idosos, com ou sem debilidade física e intelectual. Outros são só para os com deficiência física ou pessoas com demência.

Um emprego que tive alguns anos atrás exigia que eu guiasse duas horas uma vez por mês para participar de reuniões administrativas. A reunião era em uma cidade razoavelmente grande. Indaguei sobre opções de cuidados diurnos e encontrei um centro que atendia exclusivamente doentes de Alzheimer, a menos de dois quilômetros do lugar da reunião. Assim, mamãe ia comigo nas viagens mensais. Ela adorava o passeio e o ambiente do centro.

Eu também o apreciava: a relação custo-benefício era excelente. O cuidado domiciliar teria me custado de quatro a cinco vezes mais pelas doze horas que eu ficava fora de casa.

Se for fazer uma viagem, pense nessa opção e telefone antes para se informar sobre serviços disponíveis.

Moradias para idosos

As moradias para idosos estão ficando cada vez mais populares. Destinam-se a pessoas com mais de 60 anos e geralmente consistem em dormitórios, pequenos chalés ou apartamentos para alugar ou comprar. As propriedades são unidades residenciais independentes, com acomodações individuais, duplas, triplas ou para casais, banheiros privativos e cozinhas montadas. Há espaços para convivência, como salas de estar, de refeição, de tevê e de jogos, jardins ou pátios para caminhadas. Também contam com serviços médicos e de enfermagem, nutricionistas, fisioterapeutas e equipe de recreação, além de lavanderia, limpeza e arrumação das unidades. Há locais que mantêm ou providenciam serviços de cabeleireiros, manicures e transporte, cobrados à parte. Os benefícios adicionais incluem as várias atividades sociais disponíveis neste tipo de moradia.

Clínicas residenciais e de repouso

As clínicas residenciais e de repouso são outra alternativa. São administradas por autoridades locais, grupos de voluntários, ou, cada vez mais, por particulares. Elas proporcionam moradia e assistência 24 horas para idosos que necessitam de cuidados de saúde. Algumas recebem exclusivamente doentes de Alzheimer. Outras têm um número determinado de leitos para pessoas com demência e oferecem níveis variados de cuidados. Esses ambientes são uma opção melhor para pessoas com demência em estado avançado, quando os cuidadores já não podem manter o ente querido em casa. Algumas clínicas aceitam internações por períodos determinados, como algumas semanas ou meses, na medida da necessidade dos cuidadores. Mais uma vez, procure se informar e tomar referências.

Outra opção que descobri foram as babás. Muitas pajens de crianças (*baby-sitters*) não se importam em ter mais uma boca para dar de comer na hora do almoço e, se o doente de Alzheimer é tranquilo, consideram-no uma aquisição bem-vinda em sua casa. Isso também dá oportunidade às crianças para interagirem com idosos, fenômeno cada vez mais raro em algumas famílias; as crianças também são boa companhia para o doente de Alzheimer.

Eu usava esse serviço uma vez por semana. Deixava mamãe de manhã, ia trabalhar na clínica de repouso e voltava no fim da tarde, tirando algum tempo para mim mesma. Minha geladeira estava coberta com "desenhos para Pearl", que uma menininha nos mandava. Informe-se e verifique as referências.

Instituições de cuidados intensivos

Também há instituições de cuidados intensivos para pessoas com diferentes necessidades de cuidados de saúde, onde o doente de Alzheimer recebe vários serviços de apoio e monitoramento. Há instituições desse gênero administradas por congregações religiosas ou grupos de voluntários. As pessoas passam de um nível de cuidado para outro, conforme a necessidade muda; por exemplo, de independente para modo de vida assistido e para cuidados especializados.

Outras alternativas

Há ainda outras opções para o cuidado de seu ente querido.

Talvez seja possível um programa de troca com outros cuidadores de seu grupo de apoio. Quem cuida de uma pessoa com mal de Alzheimer pode muito bem cuidar de duas, pois os cuidados serão os mesmos e não levarão muito mais tempo.

Nos diversos centros diurnos e clínicas residenciais que usei ou visitei, percebi que os doentes de Alzheimer têm linguagem própria; quase sempre se comunicam muito bem uns com os outros. De fato, acham um alívio cuidar uns dos outros e conversar entre si, e assim o fardo do cuidador diminui.

Para as pessoas com grave demência em estado avançado, serviços de assistência médica domiciliar (*home care*), que incluem enfermagem, terapias e alimentação, são uma ótima opção. Esse é um serviço valioso para os cuidadores que trabalham ou precisam de um pouco de folga durante o dia. Esta alternativa é específica para pessoas com demência em estado avançado, que têm várias necessidades de assistência. Tais cuidados podem ser bastante caros, mas muitos planos de saúde já cobrem parte dos custos.

Continue procurando

Alguns cuidadores tentaram algumas das opções anteriores e tiveram experiências negativas, o que é compreensível. Sabemos que cuidar de um doente de Alzheimer não é fácil. Nem todos conseguem fazê-lo.

Não podemos deixar que uma ou mesmo duas ou três experiências ruins nos indisponham contra todos os cuidadores substitutos. Mais cedo ou mais tarde acabaremos com um bom companheiro e provavelmente não saberemos como conseguimos nos arranjar antes, sem esse apoio.

É o que acontece quando delegamos parte da responsabilidade de cuidar para outra pessoa durante algum tempo e tiramos uma folga necessária.

CAPÍTULO 12

Emoções confusas

Lembro-me de estar sentada na cozinha com meu filho de 2 anos, sentindo-me infeliz, quando o rádio começou a tocar uma canção sobre a morte de uma mulher. Comecei a soluçar.

Minhas emoções estavam todas refreadas em meu íntimo. A música desencadeou-as. Fui para fora, sentei-me nos degraus por meia hora e chorei e chorei. Não conseguia parar. Havia toda essa emoção contida. Eu sabia que era por causa de minha mãe.

Nossas reações emocionais ao mal de Alzheimer em geral são tão complicadas e confusas quanto as de nossos entes queridos. Às vezes precisamos de ajuda para organizá-las e corrigi-las.

Medo, ansiedade, culpa, raiva e depressão são as principais emoções que os cuidadores sentem. Mas a imagem como um todo não precisa parecer tão triste. O que percebemos como emoções negativas são reações naturais, embora desconfortáveis, à perda de nosso ente querido. Aquele que amamos ainda está vivo e presente, mas não como a pessoa que conhecíamos, e isso nos magoa. E a mágoa é um sentimento saudável e normal.

No livro muito conhecido *Good Grief* [Bom sofrimento], Granger Westberg escreveu sobre as emoções que as pessoas sentem quando enfrentam a perda de um ente querido. Ele observou que há jeitos bons e maus de entristecer, emoções saudáveis e doentias para sentir. A tristeza é "uma estrada que a maioria dos seres humanos precisa percorrer a fim de voltar à vida normal".[1]

Estar livre de preocupações e ansiedades em face da incerteza, estar em paz com nossos entes queridos sem nos sentirmos melindrados nem resignados, são sinais saudáveis de que chegamos a um acordo com nossas emoções conflitantes. Mostram que estamos realmente sentindo uma emoção "boa".

Medos e ansiedades

O medo e a ansiedade são reações emocionais comuns quando um ente querido é diagnosticado com o mal de Alzheimer, principalmente entre os filhos.

Todo filho e filha faz a pergunta: "O mal de Alzheimer é hereditário?". Rezamos para que a resposta seja não. Tememos que a resposta seja positiva. O medo e a ansiedade aumentam se conhecemos o histórico de nossa família.

> Creio que deve ser a quarta geração, contando minha mãe. A mãe dela morreu quando ela tinha 16 anos. Temos certeza de que foi Alzheimer. A avó de mamãe tinha os mesmos sintomas. A julgar pelos relatos de família que reunimos, um tio-avô também tinha os sintomas.

---

[1] WESTBERG, Granger. *Good Grief*. Philadelphia: Fortress Press, 1971. p. 20.

O medo é ainda maior se também nós ficamos esquecidos.

Às vezes esqueço os nomes de pessoas que eu devia conhecer e isso me aterroriza. Minha mulher percebe e diz: "Ora, não comece a se desesperar".

Muitos cuidadores encaram o problema gracejando sobre a possibilidade de contraírem o mal de Alzheimer. Outros usam seu conhecimento para planejar o futuro.

Minhas duas irmãs e eu fazemos piadas sobre como seremos velhinhas com Alzheimer. Conseguiremos uma clínica para ficar juntas.

Não tenho realmente medo de contrair o mal de Alzheimer. Se acontecer, minha esperança é, no começo, ter alguns momentos lúcidos que me permitam tempo de fazer planos e cuidar de tudo. Não fico o tempo todo me preocupando com isso, mas de vez em quando penso em planejar o futuro.

Às vezes brinco sobre isso com minha companheira e fazemos piadas a respeito. Ela me diz: "Você anda esquisito. É melhor assinar os documentos". Eu realmente lhe disse que, se eu começar a agir como meu pai, quero assinar os documentos necessários para que alguém seja meu procurador.

É comum que quanto mais sabemos sobre a doença, menos conseguimos lidar com ela. Outras pessoas podem ajudar-nos a pôr nossos medos e ansiedades em perspectiva.

Li algumas informações sobre o mal de Alzheimer onde estava escrito que eu tinha grande probabilidade de contraí-lo, porque minha mãe tinha. Então fui a uma palestra onde falaram a respeito do fator hereditário. Estava tão deprimida quando cheguei em casa, que passei os quatro dias seguintes na cama.

Uma amiga me disse: "Você vai deixar seu marido e seus filhos aflitos pelos próximos vinte anos só porque pensa que pode ficar doente? Assim vai arruinar a vida deles. Além disso, você pode ser atropelada por um ônibus amanhã. Um avião pode cair do céu. Você não pode simplesmente parar sua vida pela possibilidade de contrair essa doença.

O medo e a ansiedade são justificáveis? O mal de Alzheimer é hereditário? Quais são os riscos para os filhos de pais com Alzheimer e para as gerações futuras?

Estudos demonstraram um risco crescente de contrair o mal de Alzheimer entre os que têm um caso na família. Os mais próximos do paciente de Alzheimer correm um risco ligeiramente maior que os parentes afastados por várias gerações. Segundo um estudo, o risco de contrair o mal de Alzheimer é cerca de quatro vezes maior para quem tem um parente em primeiro grau (pais, irmãos, filhos) com demência. Embora mesmo para parentes em primeiro grau essa porcentagem seja muito pequena, ela aumenta quando as pessoas chegam aos 70 e 80 anos. Alguns parentes de pacientes de Alzheimer realmente contraem demências mais tarde. Outros não. Em algumas famílias, essa doença parece ser herdada com mais frequência que o normal; os pesquisadores identificaram nessas famílias mutações genéticas que eles estão estudando como mais um caminho para a pesquisa.[2]

Os pesquisadores também estão à procura de elos entre o mal de Alzheimer e doenças similares. Uma área de investigação genética relaciona-se com a síndrome de Down, distúrbio hereditário acompanhado de um cromossomo 21 extra, parcial ou completo, que causa deficiência mental profunda. A síndrome de Down re-

---

[2] BREITNER, C. S. Clinical Genetics and Genetic Counselling in Alzheimer's Disease. *Annals of Internal Medicine* 115, n. 8, 1991, pp. 601-606.

cebeu o nome do médico britânico John Langdon Down, o primeiro a descrevê-la em 1866; em 1959, o médico francês Jerome Lejeune identificou a anomalia cromossômica propriamente dita.

O possível fio genético ligando o mal de Alzheimer e a síndrome de Down é a presença de um grande número de placas senis e emaranhamentos neurofibrilares, presentes no tecido cerebral das pessoas com Alzheimer e das com a síndrome de Down.

Autópsias em pessoas de mais de 40 anos com síndrome de Down revelaram indícios das placas e dos emaranhamentos característicos do mal de Alzheimer – embora elas não mostrassem sinais da doença durante a vida. Essa descoberta despertou considerável interesse e atividade na pesquisa genética, que pode um dia ajudar a descobrir uma causa e tratamentos mais eficientes para tal mal. Os que têm a síndrome de Down e contraem demência requerem o mesmo tipo de apoio que qualquer outra pessoa com o mal de Alzheimer e apresentam sintomas semelhantes. Muitos pais de crianças com tal síndrome também são mais velhos, já que sua preponderância aumenta com a idade materna; eles se beneficiam com serviços de cuidados e apoio para a síndrome de Down e também para o mal de Alzheimer.[3]

Quem se preocupa com a forma herdada do mal de Alzheimer pode ser encaminhado a um geneticista por intermédio do clínico geral. Entretanto, em vez de temer as implicações genéticas, deve-

---

[3] Veja <http:/ www.downs-syndrome.org.uk/DSA_Faqs.aspx>. Um artigo excelente sobre a síndrome de Down e o mal de Alzheimer é: STANTON, Lisa R.; COETZEE, Rikus H. Down's syndrome and dementia. *Advances in Psychiatric Treatment*, v. 10, pp. 50-58, 2004. Disponível em: <http://apt.rcpsych.org/cgi/reprint/10/1/50.pdf>.

mos acolher os progressos científicos e incentivar a pesquisa que pode ajudar gerações futuras. (Veja, no Apêndice C, informações mais detalhadas a respeito da pesquisa genética e do mal de Alzheimer.)

A esperança para as gerações futuras é consolo insuficiente quando se luta pessoalmente com a realidade do mal de Alzheimer. Mas se Deus providencia chuva para a terra e alimento para os animais, ele pode e vai providenciar para nós. Ele nos dá a força para sermos cuidadores hoje e enfrentar o futuro com paz.

O tropeção da culpa

No livro *Whatever Became of Sin?* [Seja qual for o pecado?], o psiquiatra Karl Menninger descreveu um homem que estava parado na esquina e repetia sem parar a mesma palavra. A palavra era *culpado*. Cada vez que dizia "culpado", o homem apontava para um passante. As pessoas acusadas hesitavam, desviavam o olhar e olhavam furtivamente umas para as outras – como se realmente se sentissem culpadas.[4]

Os cuidadores sentem-se como esses pobres pedestres. Seja o que for que dissermos, seja aonde formos, seja o que for que fizermos, não escapamos do dedo apontado. Se não pensamos que os outros o apontam para nós, nós o apontamos para nós mesmos. É uma situação em que sempre somos derrotados.

O que nos faz sentir culpados? Dezenas de coisas.

---

[4] MENNINGER, Karl. *Whatever Became of Sin?* New York: Hawthorn Books, 1973. pp. 1-2.

Sentimo-nos culpados por nossas reações à confusão, à agitação e ao comportamento de nosso ente querido.

Sentia-me culpada a cada minuto do dia. Não tanto pela forma como eu tratava minha mãe, mas pelo que eu pensava a seu respeito. Eu não gritava nem berrava, mas com certeza às vezes sentia vontade de fazê-lo. Sua agitação e principalmente sua repetição deixavam-me louca. Para suportar a situação, em geral eu saía do quarto e deixava minha mãe na cadeira falando sozinha. Suponho que isso seja considerado negligência, mas era o único jeito de controlar minhas emoções.

Nunca fui exatamente mau para minha mulher; eu não a agredia fisicamente. Mas agia como se ela não existisse. Ela me fazia uma pergunta pela vigésima quinta vez na mesma manhã e eu simplesmente ia embora.

Nosso comportamento nos perturba quando finalmente expressamos nossas emoções reprimidas e, verbal ou mesmo fisicamente, atacamos nossos entes queridos, tendo uma reação catastrófica.

Eu era muito maldosa com meu marido. Dizia-lhe coisas sarcásticas e danosas. Parecia que eu não conseguia parar, de tão frustrada que me sentia.

Eu me zangava com minha mulher e depois me sentia mal. Acho que não se pode impedir isso. Somos levados a extremos, então depois nos arrependemos.

Certa vez minha mulher me mordeu com tanta força que eu revidei e a mordi no ombro. Ela vestia tanta roupa que a mordida não a machucou. Foi apenas uma reação repentina de minha parte. Depois me senti culpado.

A decisão de colocar um ente querido em uma clínica de repouso é quase sempre cheia de culpa, formada pelas promessas que fizemos de "nunca fazer tal coisa".

Acho que o mais difícil para mim foi levar meu marido para a clínica de repouso. Ele ainda estava lúcido o bastante para perceber que o estávamos afastando de sua casa e disse: "Trabalhei tão arduamente a vida toda. Por que está fazendo isto comigo?". Dá para imaginar como ainda me sinto.

Papai costumava dizer: "Não me ponham em uma clínica de repouso. Levem-me para o campo e deem-me um tiro antes de me pôr em um desses lugares".
Por isso lhe dissemos que nunca o faríamos. Mas, então, um dia, fizemos.

Li que há quem tenha cuidado de seus entes queridos em casa durante 17 anos.
Por isso me senti culpada por não mantê-lo em casa.
Ainda me sinto culpada por não mantê-lo em casa.
Ainda me sinto culpada sempre que o visito, em especial quando ele está alerta. Mas o que eu podia fazer? Tenho 89 anos.

Desejar a morte da pessoa com Alzheimer – seja ela o pai, a mãe, o cônjuge, a irmã ou o irmão – para evitar seu sofrimento geralmente é fonte de culpa.

Quando meu irmão ainda dirigia, pensei que talvez ele caísse com o carro do penhasco na estrada para nossa casa, assim tudo acabaria para ele. Acabaria com seu sofrimento. Nunca contei a ninguém que eu tinha esses pensamentos.

Certa vez meu pai se perdeu e meu irmão o encontrou perambulado na margem do rio. Quando chegaram em casa, meu irmão disse: "Eu tive pensamentos terríveis enquanto o procurávamos. Eu tinha esperança de que o papai tivesse caído e que tudo se resolvesse. Me senti tão culpado por pensar assim!".

Responsabilidades negligenciadas nos fazem sentir culpa – o chão para limpar, a grama para cortar, as cartas para responder e as contas para pagar.

Sei que minha casa está um caos e deixei as coisas se acumularem. Às vezes fico dominada pela depressão. A maior parte do tempo, sinto-me culpada porque penso que deveria conseguir fazer meu papel e manter as coisas em ordem: meu pai, minha casa, minha vida.

Nossos vizinhos devem pensar que moram ao lado de uma casa abandonada. A grama tem mais de meio metro de altura. Cuidar do jardim está sempre no fim de minha lista de prioridades e sinto-me envergonhada da aparência de minha casa. Dentro e também por fora.

Obrigações e necessidades familiares não atendidas criam culpa para nós.

Meu marido comportou-se bem o tempo todo. Às vezes me pergunto por que ele não pediu o divórcio. Eu com certeza não satisfiz muitas de suas necessidades durante todo um ano depois que mamãe veio morar conosco. Nenhuma de suas necessidades, se você entende o que quero dizer.

Era difícil para as crianças crescerem na mesma casa com um avô que sofria do mal de Alzheimer. Elas nunca se queixaram, mas sei que era difícil.
Não podíamos fazer nada juntos como uma família, porque alguém tinha de ficar em casa e tomar conta de papai. Acho que não tenho nenhuma fotografia da família em férias. Feriados nunca aconteciam. Sinto-me mal por isso.

Os psicólogos nos dizem que esse tipo de culpa é falsa, relaciona--se a expectativas irreais que criamos para nós mesmos. Talvez isso seja verdade. Mas simplesmente *chamá-la* de falsa culpa não ajuda e parece impossível separar nossa falsa culpa da culpa verdadeira, quando estamos assoberbados pelas responsabilidades de cuidar.

Em casa, tentávamos todo dia dar um banho em papai ou apenas lavá-lo, mas ele sempre se opunha. Quando o levamos para a clínica de repouso, ele tinha sujeira nas dobras do pescoço. Senti muita vergonha.

Quando eu o visitava e olhava para seu pescoço, ele estava limpo. Eu dizia: "Graças a Deus", mas voltava a ficar embaraçada!

Às vezes precisamos que outras pessoas nos ajudem a pôr em ordem nossos sentimentos e emoções. Um amigo, um membro de um grupo de apoio a cuidadores, conselheiros e religiosos são todos ótimos para opinar.

Contudo, quando estamos completamente convencidos, apoiados, analisados e voltamos para casa, descobrimos que as coisas realmente não mudaram. Nossa culpa não foi embora. Ainda reagimos da mesma maneira às mesmas situações. A culpa continua a nos incapacitar emocional e fisicamente. Ameaça consumir nossa energia, machucar nossos corpos e forçar-nos à condenação pessoal e à depressão.

A culpa, mesmo a falsa culpa, nunca é benigna. E, infelizmente, a falsa culpa pode ser uma cortina de fumaça. Pode esconder com eficiência um problema subjacente que temos, independentemente de nossas experiências como cuidadores. O problema é a culpa verdadeira.

Boa notícia

Nenhum de nós é perfeito em todas as nossas ações e atitudes. Se lidamos com qualquer tipo de culpa superficialmente, negando-a ou racionalizando-a, continuamos a lutar sozinhos. Mas creio que se admitirmos para Deus nossas faltas e desapontamentos ocultos, experimentaremos genuíno perdão.

A liberdade que obtemos ao sermos perdoados é mais que simplesmente não nos sentirmos culpados. É a experiência de vida nova e a promessa de vida futura. É compreender ser possível ter alegria em meio à aflição, esperança em meio ao desespero. É saber que a experiência de cuidar não tem de nos arruinar. Essa é, na verdade, uma boa notícia.

CAPÍTULO 13

Quente, mas não queimado

Pouco antes de me tornar cuidadora de meus pais, eu trabalhava em uma clínica de Illinois como coordenadora dos cuidados espirituais e enfermeira encarregada de uma unidade. Eu adorava meu trabalho, o lugar onde morava e estava apaixonada. O fato de ele não estar igualmente apaixonado por mim era uma coisa que eu achava que se resolveria com o tempo. Eu realmente aguardava o futuro com ansiedade.

Então veio o telefonema:

– Sharon – disse minha tia, irmã caçula de papai –, você sempre disse para avisá-la se houvesse problemas em casa. – Não era a notícia que eu queria ouvir.

Havia anos eu sabia que mamãe tinha "um probleminha com a memória". Eu o atribuía a sua recente aposentadoria, à visão deficiente e ao início repentino da diabetes tipo 2 de papai, acontecimento que deixou minha mãe em estado de confusão e ansiedade. Mal de Alzheimer era a coisa mais distante de meus pensamentos. Eu nem tinha certeza se sabia soletrá-lo e ainda não era um diagnóstico comum em muitas clínicas de repouso dos EUA.[1] Recebi uma porção de conselhos de amigos e colegas. Até a administradora da clínica de repouso chamou-me a sua sala. Fez-me um discurso muito consolador sobre como eu precisava pensar em minhas necessidades, no meu futuro, no meu emprego.

– Talvez você deva telefonar para seu pai e conversar com ele sobre a possibilidade de interná-la em uma casa de repouso – ela sugeriu. – Tire uma breve licença, organize as coisas em casa e depois volte.

Fácil. Simples. Exatamente o que eu queria ouvir.

Entretanto, isso não era o que eu devia fazer. Parecia que Deus tinha outros planos para minha vida. Ele os deixou claros, em termos nada ambíguos, certa noite enquanto eu lia a Bíblia.

Em uma passagem de Marcos, Jesus falava com os líderes religiosos da época. Lembrava-lhes da responsabilidade para com os pais e chamou-os de hipócritas. Parece que eles davam dinheiro para oferendas do Templo, enquanto os pais passavam fome. Estavam, segundo Jesus, adorando a Deus em vão.

Senti-me condenada e sentenciada. Fiz as malas – sem entusiasmo, sem alegria –, entrei no carro e fui para casa.

---

[1] Na clínica de repouso onde eu trabalhava, qualquer um que estivesse confuso era diagnosticado com a Síndrome cerebral orgânica crônica (SCOC); não havia nenhuma tentativa de diferenciar vários tipos de demência.

Durante os anos seguintes ajudei meu pai a cuidar de minha mãe. Eu morava em casa ou corria de um lado para outro entre a casa de meus pais e o apartamento em uma cidade vizinha, onde eu achara um emprego como enfermeira. A vida parecia um interminável torvelinho de trabalho, trabalho e mais trabalho, já que os sintomas de mamãe pioravam, meu pai contraíra câncer e eu tinha de encarar o fato de estar de volta em casa para sempre, constantemente cuidando de alguém e ainda solteira.

Eu também sentia muita raiva de Deus.

Meu sistema primordial de apoio sempre fora a Igreja. Parei de frequentá-la. A Bíblia sempre fora meu ponto de resistência. Parei de lê-la. A oração sempre fora minha fonte de estímulo. Parei de rezar.

Durante meses continuei com raiva, me sentindo sozinha e miserável. Então, finalmente, cheguei a um acordo com meus sentimentos e comecei a lidar com eles de maneira construtiva.

Nem sempre Deus é o alvo de nossa raiva. Às vezes estamos com raiva do próprio mal de Alzheimer, doença que não compreendemos e, com certeza, não podemos controlar.

> Eu estava com raiva dessa doença que destruía a mente de meu pai. Estava com raiva porque a vida não se apresentava da maneira que eu imaginara para meus pais.
>
> Deixei de fumar para não ter câncer no pulmão. Mudei minha dieta para não sofrer um ataque cardíaco. E eis que surge essa doença sobre a qual não tenho nenhum controle, que não posso fazer nada para prevenir. Percebo que não adianta meu estilo de vida ser saudável, não poderei impedi-la nem fazer nada a respeito, se eu a contrair. E porque minha mãe a contraiu, considero-me alvo fácil.

Isso me irrita. Sei que a raiva não vai me fazer nenhum bem, mas fico tão zangado!

Às vezes nossa raiva se volta contra nossos entes queridos, depois contra nós mesmos, porque não nos sentimos bem com nossas explosões de raiva. Queremos mudar e nos esforçamos.

Estávamos com raiva de minha mãe pelas coisas que ela dizia e fazia. Era tão frustrante. Ela fazia as mesmas perguntas repetidas vezes, até meu pai achar que estava ficando louco. "Que dia é hoje? Que dia é hoje? Em que mês estamos? Em que mês estamos?" As mesmas perguntas vezes sem conta. Papai esbravejava: "Pelo amor de Deus, já lhe respondi isso umas dez vezes". Então ele ia para o quarto e batia a porta.

Há sempre uma tendência, em especial se há outras pessoas por perto, de mostrarmos nosso lado melhor, embora no íntimo saibamos que as coisas são diferentes. Eu não queria que minha paciência fosse uma máscara que eu vestia.

Eu não gostava quando sentia raiva e impaciência. Papai sabia que ele me irritava. Tentava desculpar-se por alguma coisa de que não tinha culpa. Eu ficava muito contrariado comigo mesmo por ficar zangado e impaciente com ele quando fazia a mesma pergunta pela centésima vez.

Quando eu ficava assim, ia para o quarto e falava com Deus. Eu dizia: "Ajuda-me a ser paciente. Ajuda-me a me lembrar. Ajuda-me a demonstrar para papai a paciência que eu gostaria que alguém demonstrasse por mim".

Os cuidadores principais podem se julgar os únicos que realmente se importam com os entes queridos. É comum sentirem raiva dos outros membros da família que "nunca telefonam, nunca visitam, nunca demonstram preocupação".

Não entendo por que o irmão de minha mulher nunca visita. Faz dez anos que ela contraiu o mal de Alzheimer. Faz cinco anos que ela está na clínica de repouso. Ele nunca a visitou. Nem uma vez.

Nos hospitais e nas clínicas de repouso, a raiva às vezes se volta contra médicos, enfermeiras e outros funcionários.

> Eu ficava furioso com algumas coisas que os assistentes do serviço de saúde diziam ou faziam. Não se pode tratar pessoas como se fossem gado, mas é desse jeito que eles se comportavam às vezes. Em especial na hora das refeições, eu via alguns deles empurrando a comida goela abaixo na boca dos pacientes e os ouvia dizer coisas como: "Se você não comer isto, vão levá-lo ao hospital e enfiar um tubo pelo seu nariz".

Não é raro descontarmos nossas frustrações na mobília:

> Nunca contei isto a meu marido, mas o espelho do banheiro está quebrado porque bati a porta com tanta força que ele se quebrou. Eu lhe disse que estava tentando matar uma vespa com o cabo da vassoura. Acho que ele acreditou. Estava tão envergonhada de mim mesma por ficar com tanta raiva que comecei realmente a destruir a mobília.

Nem todas as expressões de raiva são saudáveis, já que podem magoar outras pessoas. Também nos fazem sentir culpados e envergonhados. Mas a emoção da raiva em si nem sempre é doentia ou destrutiva. A raiva pode ser uma reação legítima a causas justificáveis.

O que nos deixa com raiva? E por quê? São as duas perguntas relevantes.

Com raiva de Deus

"Sempre que há sofrimento, quer dor física, quer angústia mental, o ser humano em sua melhor disposição faz todo o possível para ajudar. Mas seus poderes são muito limitados. O poder de

Deus, assim dizem, é ilimitado. Então por que ele não faz alguma coisa?" escreveu Hugh Silvester em *Arguing with God* [Questionando Deus].[2]

Em *A Grief Observed* [Uma tristeza observada], o autor britânico C. S. Lewis também perguntou "Por quê?", quando sua esposa foi diagnosticada com uma enfermidade fatal:

> O que sufoca toda oração e toda esperança é a lembrança de todas as orações que (ela) e eu oferecemos e todas as falsas esperanças que tínhamos. Não esperanças suscitadas apenas por nosso excesso de otimismo; esperanças incentivadas, até forçadas em nós, por falsos diagnósticos, por radiografias, por estranhas remissões, por uma recuperação temporária que poderia ser classificada como milagre. Passo a passo fomos "conduzidos ao caminho do jardim".[3]

Há algum tempo (três ou quatro mil anos atrás), um homem chamado Jó também perguntou *por quê?*, sentado em um monte de cinzas, coberto de feridas, lamentando seu sofrimento físico e a morte dos dez filhos. O autor do livro de Jó diz que este clamou amargamente contra a aparente injustiça de Deus diante de seu sofrimento físico e emocional:

> Minha alma está cansada de viver. Soltarei contra mim mesmo o meu discurso, expressando toda a minha amargura. Direi a Deus: Não me condenes! Faze-me, antes, saber por que me julgas assim.
> Por acaso, parece-te bom que me oprimas e me calunies, a mim, obra de tuas mãos e favoreças o desígnio dos perversos? (Jó 10,1-3).

---

[2] SILVESTER, Hugh. *Arguing with God*. Downers Grove: InterVarsity Press, 1972.
[3] LEWIS, C. S. *A Grief Observed*. New York: Bantam Books, 1976. pp. 34-35.

Hoje, muitos pacientes com o mal de Alzheimer e seus cuidadores ainda perguntam: "Por quê?".

Minha mulher não entende por que tudo lhe aconteceu do jeito que aconteceu. Ela disse que, para quem crê em Deus, as coisas deveriam ser boas na vida, mesmo na velhice. Mas as coisas não foram boas. Foram terríveis.

Quando minha mãe contraiu o mal de Alzheimer, eu disse adeus à Igreja e a Deus. Imaginei que, se Deus existia, ele podia ter evitado isso. E se Deus não permitiu que acontecesse, talvez ele fez acontecer. Portanto, quem precisava dele?
É tão fácil culpar Deus, em especial se ele é responsável por tudo. Tenho um lugar conveniente para pôr minha raiva. A culpa é de Deus. Deus é responsável. Levei anos para superar minha raiva.

Por que Deus não faz alguma coisa a respeito do mal de Alzheimer? Em primeiro lugar, por que permite que ele ocorra? Não se presume que Deus seja bom?

Há uma escola de pensamento que diz que não se deve discutir sobre a natureza de Deus quando uma pessoa está doente ou à beira da morte. Mas quando temos uma doença grave ou terminal, ou quando alguém que amamos sofre ou está morrendo, é nessa hora que mais lutamos com esse tipo de pergunta. Na verdade, é uma ocasião em que muitas de nossas outras crenças são submetidas à prova e testadas, e também formadas e reformadas; dúvidas quanto à bondade, ao poder de Deus e até de sua existência. Minhas dúvidas quanto à bondade de Deus giraram tanto ao redor de meus planos e desejos frustrados quanto ao redor da doença de minha mãe e do efeito devastador que a doença teve nela e em meu pai. Para mim, não era tanto uma questão de Deus ser bom quanto de ele ser bom de modo particular. Quando as coisas vão bem para mim (pelos meus padrões) raramente questiono a bondade de Deus. Entretanto, a bondade de Deus torna-se problema quando enfrento uma crise pessoal. Por que, Deus, não fazes alguma coisa por *meu* ente querido? Por que não fazes alguma coisa por *mim*?

Afastar nossos pensamentos de nós mesmos ajuda-nos a pôr nossa situação em perspectiva. Ajuda-nos a perceber que não estamos sozinhos em nossa tristeza. Outros também percorrem essa estrada, outros que concluíram que, embora não saibam todas as respostas, não foram abandonados por Deus, como observou o cuidador a seguir:

> Fiquei com raiva de Deus durante vários anos, depois que minha mãe foi diagnosticada com o mal de Alzheimer. Então comecei a voltar à igreja. Decidi ir por causa das crianças, não tanto por ter superado minha raiva.
> No primeiro dia que voltei, vi uma mulher que perdera o filho em um desastre de avião e outra, de uns 30 anos, cujo marido morrera de infarto. Percebi que, embora tivessem passado por todo esse sofrimento, elas ainda acreditavam em Deus. Comecei a chorar. Chorei durante toda a missa. Foi isso que me fez voltar para Deus.

Não há problema em sentir raiva. O problema é sentir raiva o tempo todo e para sempre. Em *Guilt, Anger and God* [Culpa, raiva e Deus], Christopher Allison escreveu sobre a necessidade de transcender a raiva:

> É estranho que o tabu cultural contra admitir a raiva de Deus [...] faz-nos considerá-la chocante e uma coisa a ser reprimida. Para muitos, a ideia

de expressarmos nossa raiva de Deus é escandalosa. Contudo, isso é indicação do quanto nos afastamos dos guias bíblicos. Os Salmos [...] são generosamente matizados de raiva de Deus pela injustiça na terra. A raiva certamente é um tema importante no livro de Jó [...] Nossa moléstia é nossa raiva destrutiva. Nosso remédio é Deus tomar nossa raiva. Se não a entregamos a ele, não seremos curados dela.[4]

A dor e o sofrimento não fazem parte do plano original de Deus. A doença e a morte não faziam parte do mundo bom que ele criou. O mal de Alzheimer *não* é normal.

Contudo, os que sofrem do mal de Alzheimer e os que cuidam deles podem ter esperança – não necessariamente de ficarmos livres do sofrimento atual, mas de termos alguém com quem contar. Não importa que nossa raiva esteja a ponto de explodir.

Com raiva dos outros

À medida que o mal de Alzheimer extrapola nossas emoções, somos tentados a atacar os que nos rodeiam, descontando nossa raiva nos outros. Para mantermos a calma, precisamos pensar em "válvulas de segurança".

A válvula de segurança libera o excesso de pressão. As panelas de pressão a possuem. Quando a pressão interna é maior do que a panela suporta, a válvula automática da tampa libera o vapor.

Os cuidadores também precisam de válvulas de segurança. Precisamos saber como liberar nossa raiva e frustração de modo

---

[4] ALLISON, Christopher Fitzsimons. *Guilt, Anger and God*. New York: Seabury Press, 1972.

construtivo. Também temos de planejar o futuro e tomar medidas preventivas no início para impedir que a pressão suba a níveis explosivos. A formação de pressão excessiva para o cuidador resulta em explosões de raiva descontrolada.

Medidas de emergência para situações imediatas incluem o seguinte:

- Quando se sentir tentado a atacar verbal ou até fisicamente seu ente querido, recomponha-se e conte até dez. Se necessário, afaste-se do lugar. Se tiver de manifestar a raiva, esmurre um travesseiro, limpe um armário, esfregue o chão, rasgue os papéis velhos. Evite atirar e chutar coisas. Cuidar já custa caro sem ter de substituir a mobília.

- Ponha-se no lugar de seu ente querido. Pergunte a si mesmo: "Como eu gostaria de ser tratado?".

Os parágrafos a seguir apresentam sugestões práticas para diminuir a raiva em situações menos transitórias.

A distração é instrumento útil para usar com nossos entes queridos e com nós mesmos. Distração é qualquer coisa que proporcione entretenimento, tranquilidade ou diversão.

Rir de uma situação em vez de ficar com raiva ou frustrado é um jeito de diminuir a pressão e um meio de distração. Você não ri do parente, mas da situação. O riso descarrega a pressão. Talvez seu ente querido também aprecie uma boa risada de vez em quando. Eu ria bastante com minha mãe. Acho que isso ajudou nós duas a nos lembrarmos de que a vida não foi destinada a ser desânimo e condenação; destina-se a ser vivida e apreciada, mesmo nos momentos difíceis.

O Apóstolo Paulo tinha bons conselhos para os ansiosos e raivosos: "Sede zelosos e diligentes, fervorosos de espírito, servindo sempre ao Senhor, alegres na esperança, fortes na tribulação, perseverantes na oração" (Rm 12,11-12). Além disso, ao longo de suas cartas ele nos incentiva a enchermos nossas mentes de pensamentos que sejam verdadeiros, puros, amorosos e dignos de louvor. Todos esses pensamentos acalmam e nos ajudam a meditar. Martinho Lutero descreveu esse tipo de meditação de outro jeito. Ele falou em deixar nossos "pensamentos irem dar um passeio".[5] A cena à sua frente pode ser de completo caos, mas seu interior não tem de ser um desastre. Quando tentado a explodir, volte o pensamento para alguma alegre lembrança do passado ou preveja um acontecimento futuro. Medite em um salmo, um hino, uma citação ou algum outro aspecto bom do mundo natural. Levei mamãe para muitos passeios, empurrando sua cadeira de rodas pela estradinha de terra perto de um lago, para onde nós nos mudáramos depois da morte de meu pai. Era a oportunidade para ambas absorvermos a beleza da natureza, e o efeito era calmante para nós duas. Escolhi o local de propósito.

Quando tentado a atacar outros entes queridos, como parentes que nunca telefonam nem visitam, pense nas possíveis razões para suas ações. Eles também têm dificuldade para lidar com a

---

[5] Citação atribuída a Martinho Lutero em McCORMICK, Thomas; FISH, Sharon. *Meditations*: a Practical Guide to a Spiritual Discipline. Downers Grove: InterVarsity Press, 1983. p. 10.

enfermidade do ente querido? Precisam que você lhes estenda a mão e "lhes dê permissão" para partilhar seus sentimentos de tristeza? Falar com os parentes a respeito daquilo que você sente é a melhor coisa a fazer por vocês todos. E se não é possível conversar, perdoe. Carregar um fardo de ressentimentos no seu íntimo é muito destrutivo.

Se os funcionários da clínica de repouso ou outros profissionais da saúde fazem ou dizem coisas que nos enraivecem, devemos dizer isso a eles. Não em uma explosão de fúria, mas conversando sobre sua atitude, seu comportamento e aquilo que acreditamos ser reações negativas. Às vezes, por causa de nossa culpa, reagimos em excesso e ficamos com raiva de situações que são parte normal da vida numa clínica de repouso. Outras vezes, nossa raiva é justificada. Talvez os outros necessitem de ajuda para verem a situação com seus olhos, os olhos de um cuidador. Todos temos de ser sensíveis uns com os outros e trabalhar juntos como uma equipe. A comunicação franca e sincera ajuda a tornar isso possível.

Há também algumas medidas preventivas a tomar para que o acúmulo de raiva não se torne problema. Como essas medidas também são bons remédios para a depressão, estão incluídas no próximo capítulo.

Com raiva do mal de Alzheimer

É normal ter raiva do mal de Alzheimer. Ele é ladrão, assassino, destruidor de mentes.

Embora praguejar e vociferar contra ele não faça bem a ninguém, há coisas positivas a fazer que nos oferecem certo poder sobre esta doença aparentemente incontrolável. Podemos canalizar nossa raiva de modo prático, envolvendo-nos na luta contra esse mal e outras demências relacionadas.

Como cuidador, talvez você sinta que não tem nem o tempo nem a energia emocional ou física necessários para envolver-se em nenhuma outra atividade, além de uma reunião ocasional de um grupo de apoio. Entretanto, se você conseguir, eis algumas sugestões, que podem ser feitas individualmente ou em grupo.

- Ajude a planejar um seminário para instruir outros cuidadores, profissionais da saúde e o público em geral a respeito do mal de Alzheimer. Seu grupo de apoio pode juntar-se a outros em sua região ou atuar com os hospitais locais, faculdades de enfermagem ou serviços comunitários.

- Informe-se na ABRAZ sobre o fornecimento gratuito ou a venda de material informativo e produtos relacionados ao mal de Alzheimer, para distribuí-los em eventos de saúde da comunidade, nas festas da igreja, para os colegas do grupo de apoio. Fui a relações-públicas de nosso grupo de apoio local de Alzheimer. Durante vários anos sentei-me em uma barraca nos eventos locais, distribuí livros e respondi a perguntas. Eu descobri que isso era necessário quando uma mulher que passava pela barraca parou de repente, virou-se para olhar o cartaz e disse ao marido: "Sabe, George, acho que foi dessa doença que a vaca de nosso vizinho morreu".

- Se não houver nenhum material disponível, crie e distribua um boletim informativo para sua região.
- Ofereça-se como palestrante para clínicas de saúde, hospitais, cursos universitários sobre envelhecimento e saúde, grupos cívicos e igrejas. Pode ser uma apresentação formal, uma simples sessão de perguntas e respostas ou uma mesa-redonda.
- Peça a um repórter do jornal local que escreva um artigo sobre o mal de Alzheimer ou envie um você mesmo. Aumente a consciência pública da doença e deixe as pessoas saberem o que há disponível na comunidade.
- Preste ajuda, pessoal ou material, às associações de apoio como a ABRAZ ou similares. Muitos cuidadores também incentivam a contribuição financeira para tais associações por ocasião da morte de um ente querido como homenagem duradoura.
- Envolva-se politicamente. Informe-se sobre a legislação local e nacional relacionada com questões de cuidado e financiamento da pesquisa do mal de Alzheimer. Escreva cartas aos deputados, ao ministro da Saúde e de outras pastas relacionadas aos serviços sociais. É possível também dar sua opinião para o vereador, para o secretário estadual ou municipal da Saúde e para o SUS. Lembre-se de que os responsáveis, em todos os níveis de governo, precisam ouvir os que conhecem a doença. E os que sabem mais são os cuidadores.

As principais questões a serem abordadas incluem apoio financeiro para os cuidadores. Atualmente, os benefícios públicos são inadequados em termos de custeio de cuidados institucionais e outras necessidades. Outra questão importante diz respeito à disponibilidade e ao padrão dos serviços de cuidados, em especial durante as folgas do cuidador. É preciso reconhecer que breves interrupções regulares são necessárias para os cuidadores, no mínimo meio período por semana. Também é preciso que o mal de Alzheimer seja mais amplamente reconhecido como doença terminal para que os doentes se qualifiquem para apoio financeiro, o que beneficiará pacientes, cuidadores, hospitais e clínicas, que muitas vezes não têm recursos suficientes.

Muitas causas meritórias tornaram-se efetivas porque alguém mostrou indignação. A guerra contra o mal de Alzheimer está longe do fim. Todos precisamos nos envolver em algumas batalhas e canalizar nossa raiva de maneira construtiva.

CAPÍTULO 14

Abatido, mas não acabado

Elaine lembrava-se de quanto adorava seu trabalho. Quando ele fora, de fato, uma diversão. Mas ultimamente as tensões no trabalho estavam insuportáveis. Havia sempre a maledicência e as disputas. E havia os comentários odiosos e estúpidos que as outras mulheres faziam sobre os maridos. "Se elas soubessem", Elaine pensava com amargura. Elas deviam ser gratas por ter maridos.

"Elas deviam ir até a minha casa", pensava, "e ver o que é viver com um marido que nem sequer sabe como você se chama. Elas rapidamente começariam a apreciar o que têm. Imagino se alguma aceitaria trocar de lugar comigo."

Casa. Pensando em casa, Elaine se perguntou como a nova cuidadora domiciliar estava se saindo. A anterior durou uma semana. Entregou o pedido de demissão na agência, no dia em que Stephen a trancou fora de casa. De manhã, ele destrancara a porta da cozinha e correra para o quintal. Quando a cuidadora correu atrás dele, Stephen voltou correndo para a cozinha e bateu a porta na cara dela.

A mulher passara duas horas suplicando a Stephen para deixá-la entrar. Mas Stephen simplesmente ficou ali de pé, sorrindo e acenando para ela. Quando a cuidadora viu-o acender o fogo debaixo de uma frigideira vazia, ela teve a presença de espírito de correr à casa do vizinho e chamar a polícia. E depois telefonou para a agência.

Apesar dos problemas, Elaine não sabia o que teria feito sem a agência de cuidados domiciliares. As auxiliares tinham sido boas para Stephen. Uma delas até brincou com o fato de ter perdido cinco quilos na primeira semana que cuidou dele. Isso fez Elaine sentir-se culpada, até que a cuidadora assegurou-lhe que foi a melhor coisa que acontecera com sua silhueta em anos.

Mas quem tinha 50 e poucos anos não devia precisar de cuidadores. Não devia contrair o mal de Alzheimer. Câncer, talvez, ou diabetes, ou um infarto. Coisas terríveis, também, mas todas potencialmente tratáveis. Não o mal de Alzheimer. Não essa horrível doença que o transformava em uma espécie de criança hiperativa.

Quando começara? Quando ela notara os primeiros sinais?

Foi só quando Stephen recebeu a carta da escola pedindo que ele se demitisse que ela finalmente entendeu.

"O professor distraído", Stephen era chamado pelos garotos na escola. A princípio a distração aparecia em pequenas coisas. Ele corrigia as provas, mas se esquecia de dar as notas. Depois passou um trimestre inteiro sem dar nenhuma prova. Os alunos nunca contaram. Os diretores da escola descobriram acidentalmente os lapsos de memória de Stephen, quando um deles entreouviu a filha conversando com uma amiga sobre o estranho e maravilhoso professor de química.

Finalmente chegou o dia em que, no meio do laboratório de química, Stephen atirou um béquer em um aluno, em um ataque de frustração.

Felizmente, o béquer só continha água. Devia ser ácido, mas Stephen se esquecera da fórmula.

Agora Elaine relembrava e percebia outras mudanças. Inicialmente houve problemas com palavras. Parecia que Stephen estava sempre procurando o substantivo ou a frase para terminar uma sentença. Isso começou a deixar Elaine maluca. Metade do tempo ela não entendia o que ele falava.

E houve mudanças de personalidade. A frustração. As explosões de raiva sem nenhuma razão aparente.

Ela se lembrava da manhã de sábado em que Stephen foi comprar um litro de leite e voltou seis horas depois. Ela realmente brigou com ele e o acusou de tudo no mundo. E Stephen só olhou para ela, depois foi para o quarto, bateu a porta e ficou lá até depois de escurecer. Isso aconteceu pouco antes de receberem a carta da direção da escola.

Dois anos mais tarde, aqui estavam eles. Sozinhos em um mundo onde nada mais fazia sentido.

Talvez ela devesse ter ouvido sua mãe e tido um filho. Mas não. Ela e Stephen acharam que tudo que queriam ter era um ao outro e suas carreiras. Planejavam fazer uma viagem ao redor do mundo dali a três anos. Sem compromissos. Sem filhos. Somente os dois.

Elaine abriu a escrivaninha e pegou a bolsa. Hora de ir para casa. Para casa, para o homem que ela ainda amava, sem dúvida, mas que nem sabia o nome dela.

Como enfrentar a depressão

A depressão é uma emoção que, como cuidadores, todos experimentamos. Abrange desde tristeza até mágoa profunda, às vezes acompanhada de sintomas físicos. Sua origem pode ter muitas razões e está associada às profundas mudanças que vemos em nossos entes queridos e às muitas perdas que, com o tempo, experimentamos, ligadas a nosso relacionamento com eles.

A depressão desce como um peso quando percebemos que nosso ente querido já não nos reconhece:

> Dizem que fica mais fácil, mas não acredito. Toda vez que vou ver minha mulher sinto que fica mais difícil. É como se eu fosse um completo estranho. Abraço-a e beijo-a e converso com ela, mas ela não me reconhece. Ela não sabe o que se passa.

A depressão também se relaciona com a morte das expectativas, como a experimentada por Elaine na situação que iniciou este capítulo. Muita gente que parece ter um futuro brilhante e produtivo, de repente vê esse futuro destruído por um diagnóstico:

> A verdadeira ironia foi que uma semana depois de ser diagnosticado, meu pai recebeu uma carta de uma empresa para a qual ele trabalhara, perguntando-lhe se aceitaria ser o diretor executivo.

A depressão relaciona-se com o fato de nosso ente querido não ser capaz de experimentar as alegrias de ser avô/avó, pai/mãe:

> Se eu começava a chorar, meu filho engatinhava até mim, pegava lenços de papel, vinha sentar-se no meu colo e me afagava como se quisesse dizer que tudo ficaria bem. O fato de minha mãe ter este lindo neto, que me consolava por causa dela, piorava minha depressão. Eu queria muito que eles se conhecessem, mas sabia que isso nunca aconteceria.

A depressão quase sempre se relaciona com a ansiedade e a desesperança que nosso ente querido experimenta. Sua confusão não elimina emoções como medo e frustração. Eles também podem ter a sensação de falta de sentido e pensamentos suicidas que podem ser acompanhados por ações.

Muita gente, principalmente enfermeiras, me disse: "Não se preocupe com seu pai. Você está sofrendo mais que ele".
Não acredito nisso. Percebo as emoções de meu pai. Vejo suas expressões faciais e seu comportamento. Digo a mim mesmo: ninguém pode me dizer que ele não está sofrendo.
Não acredito que ele viva em seu mundinho tranquilo e que não saiba nada, não reconheça ninguém e não esteja sofrendo. Vejo sinais de ansiedade e frustração. Vejo o olhar em seu rosto quando quer dizer alguma coisa e não consegue articular as palavras.
Nunca me convencerei de que ele não sofre.

Minha mulher costumava ter uma tremenda força de vontade e não queria deixar que nada a vencesse. Então, pouco antes do Natal, ela desistiu.

Na primavera, meu marido tentou suicidar-se. Saiu, certa noite, enquanto eu dormia. Quando acordei, chamei a polícia e fomos procurá-lo. Finalmente o encontramos nos trilhos da ferrovia. Um trem vinha vindo. Ele disse ao policial: "Deixe-me em paz. Deixe-me em paz. Deixe-me em paz. Quero morrer. Tenho o direito de me matar se eu quiser".

Às vezes, quando estamos deprimidos, o problema latente é, na verdade, nossa raiva. Uma definição comum da depressão é: "Raiva voltada para dentro".

Fiquei deprimido durante meses. Finalmente, minha mulher me disse: "Querido, acho que seu problema não é depressão. Acho que você simplesmente está com raiva pelo que aconteceu com seu pai". Ela tinha razão.

Inversões de papéis

Minha mãe costumava chamar-me Sharon. Depois passou a ser "Doçura", como ela me chamava em criança. Logo me tornei "Mamãe" para ela, à medida que o mal de Alzheimer progredia. E, finalmente, passei a ser "Vó".

Para muita gente, a vida é cheia de papéis. Para os cuidadores, é também cheia de inversões de papéis, o que também contribui para a depressão.

> Exatamente quando pensei que o ninho estava vazio, encontro-o cheio de novo. Não com netos, mas com meu marido.

O papel do cuidador é uma bênção ou uma maldição, dependendo de nossa atitude. Faz-nos murchar e morrer ou ajuda-nos a amadurecer e crescer emocional e espiritualmente.

> Vejo a troca de papéis com meus pais porque cuido de seus negócios. Cuido de tudo para eles. Sou a porta-voz, a intérprete.
> Assim que voltei a morar em casa, minha mãe me passou o comando.
> Mas nunca considerei meus pais crianças. Apenas acredito que agora, em idade avançada, eles precisam de mais ajuda. E eu posso ajudá-los.
> Durante anos, quando eu estava longe de casa, rezei para que Deus me desse uma oportunidade para cuidar de meus pais em sua velhice, se eles precisassem. Aceitei e sou grata por isso.

Em busca da luz

No capítulo sobre depressão e solidão no livro *Good Grief*, Granger Westberg compara a depressão a um dia terrivelmente escuro, quando o sol está escondido pelas nuvens. Segundo ele, as pessoas sempre dizem: "O sol não está brilhando hoje". Mas isso não é verdade. O sol brilha, mesmo quando parece não brilhar. Tome um avião, atravesse a camada de nuvens e finalmente verá que o sol está lá. E, diz Westberg, alguém sempre fará a observação: "Que pena que o pessoal lá em baixo não veja isto".[1]

O brilho do sol. Os momentos alegres. Precisamos procurá-los na vida de nossos entes queridos e não ter medo de desfrutá-los.

> Temos nossas piadas, nossos momentos alegres. Rimos de algumas coisas que papai faz. Às vezes ele é muito engraçado. Como o dia em que fez o alarme de incêndio disparar na clínica de repouso. Ou o dia em que decidiu dar um passeio na rua. Também empurrou a cadeira de rodas de outro residente porta afora. O outro homem não queria ir e gritava: "Não, não, não" sem parar. Mas papai não se importou. Era um belo dia para um passeio.
>
> Papai sempre teve esse jeito afetuoso de dar tapinhas no traseiro das pessoas. Há não muito tempo ele fez isso comigo e eu disse para mamãe: "Olha ele aí! Do jeito que ele era. Ele fez de novo".
>
> Esses momentos alegres são fugazes e podem durar só um segundo, mas quando surgem são bons. São muito bons.

Procurar os momentos felizes é um jeito que os cuidadores têm de lidar com a depressão. Medidas preventivas são outro modo de impedir que a depressão se estabeleça em nossa vida; elas não a eliminam completamente, mas podem deixar a carga emocional mais leve.

---

[1] WESTBERG, op. cit., p. 30.

Como manter a forma física

Se você passa metade do dia correndo pela vizinhança à procura de seu parente ou correndo escada acima e abaixo para assegurar a segurança dele, é provável que esteja fisicamente preparado. Nem todos fazemos isso. Alguns entes queridos estão confinados a cadeiras de rodas e levam vidas muito sedentárias. O mesmo acontece com alguns cuidadores.

Os benefícios do exercício em relação à redução da tensão estão bem documentados. Quando exercitamos nossos músculos principais, os músculos involuntários também se descontraem. A tensão se reduz. Temos mais energia. Sentimo-nos melhor da cabeça aos pés.

Eis algumas sugestões para manter-se em forma.

Para mim e para diversos outros cuidadores que entrevistei, nadar é fator decisivo para a redução da tensão. Ajuda a aliviar a depressão e é um bom jeito de se manter aerobicamente em forma.

Quando me tornei cuidadora em tempo integral, pensei que meus dias de natação estavam acabados. O lago próximo era perfeito para nadar no verão, mas os meses do inverno aproximavam-se escuros e tristes. Então falei com o diretor da ACM local. "Nade aqui", ele disse. "Sua mãe pode vir também."

A "ida" de mamãe à piscina consistia em sentar-se no térreo em uma poltrona confortável, perto da tevê e da mesa da recepção onde sempre havia alguém. Os funcionários concordaram em ficar de olho nela e me chamariam se minha presença fosse necessária.

Nesse estágio da doença, mamãe não ficava agitada, mas muito contente vendo revistas velhas até eu voltar. Também parecia que apreciava as crianças que corriam por ali e às vezes paravam para falar com ela. Qualquer raiva ou depressão que eu tinha quando entrava na piscina diminuía ou desaparecia completamente depois de meia hora de braçadas.

Alguns cuidadores contratam assistentes domiciliares, se não podem levar os entes queridos com eles. Alguns até aprenderam a nadar e fizeram novos amigos.

Se você gosta de caminhadas, procure um parque ou uma trilha e leve o ente querido com você. Dar algumas voltas no quarteirão com a cadeira de rodas também é bom exercício para você e bom passeio para o ente querido. (Verifique em lojas de materiais cirúrgicos ou na internet os tipos de cadeiras mais adequados para isso. Muitas são resistentes e também portáteis. É preciso que seja leve o bastante para pôr e tirar do carro.)

Muitos casais tinham o costume de praticar esportes juntos antes da demência. Não é preciso desistir disso. Seu ente querido talvez goste de acompanhá-lo(a) ao clube, se você puder contar com pessoas dispostas a ficar de olho nele, enquanto você se distrai um pouco. Ou talvez você possa jogar bola ou tênis com ele, sem se preocupar em marcar pontos, pelo simples prazer de fazerem alguma coisa juntos. Será bom fazer as coisas que sempre fizeram, enquanto conseguirem, sem se sentir frustrados por causa da capacidade diminuída.

Mantenha uma dieta equilibrada. Isso pode parecer óbvio, mas muitos cuidadores (inclusive eu) não o fazem. Isso inclui alimentos dos quatro grupos básicos, e é a mesma para aqueles de quem cuidamos (veja o capítulo 8). Além disso, as recomendações a seguir devem nos ajudar a ter uma aparência melhor, a nos sentir bem menos fatigados e deprimidos.

Coma alimentos com baixo teor de gorduras saturadas e de colesterol (frutas, vegetais, cereais, massas, laticínios com pouca gordura, peixe, aves e carnes magras). Modere o consumo de sal, e evite alimentos industrializados. Se necessário, para alcançar e manter o peso em níveis recomendados, reduza as calorias.

Procure descansar adequadamente. A oração infantil que começa: "Agora eu me deito para dormir" talvez seja apenas uma utopia para muitos cuidadores, mas a falta de sono desempenha um papel importante na depressão. Se você tem noites de insônia e dias fatigantes, pense em contratar um ajudante pelo menos uma noite por semana para tirar o atraso.

Às vezes há uma tendência da parte dos cuidadores de tratar seus entes queridos como se eles estivessem fisicamente debilitados, com uma doença que os obrigue a ficar confinados em casa. Embora isso seja necessário durante certos estágios do mal de Alzheimer, esta não precisa ser uma regra para todos os momentos. Os cuidadores aprendem os padrões de seus entes queridos; se eles ficam contentes em sentar e apreciar a paisagem – como muitos, em certos estágios –, e outros estão disponíveis para dar assistência, não há razão para os cuidadores desistirem de muitas atividades que dão prazer e favorecem a saúde.

Os cuidadores precisam de incentivo para levantar-se, sair e continuar suas vidas, incluindo os entes queridos de maneira criativa.

Como conservar-se mental e fisicamente equilibrado

Há muitas coisas que podemos fazer para manter nossas mentes ocupadas e nossas emoções estáveis.

Cultive seu senso de humor. Um cuidador fez esta declaração: "Creio que os que não têm senso de humor são os que realmente têm problemas emocionais". Valorize os momentos mais alegres da vida de seu ente querido. Procure recordar os tempos bons, divertidos e engraçados que tiveram juntos.

Familiarize-se com autores que conhecem a condição humana e que escrevem a respeito dela com humor e sabedoria.[*] Assine uma revista que você aprecia. Leia artigos que lhe toquem o coração e o animem. Ouça audiolivros.

Há um provérbio que diz: "Mesmo no riso, o coração padece". Podemos também dizer que, mesmo na depressão, o coração pode rir. Sem o riso, o coração atrofia-se e morre.

---

[*] A Paulinas Editora tem várias obras desse tipo. Veja, por exemplo, os livros das coleções Vida Plena, Viver Melhor e Caminhos da Psicologia, ou ainda os livros *Uma mensagem por dia, o ano todo*, de Rosemary de Ross e *Motivação todos os dias*, de Luizinho Bastos. (N.E.)

Mantenha velhos passatempos e interesses ou adquira novos. Não desista das coisas que apreciou no passado – artesanato, leitura, jardinagem, concertos, filmes no cinema ou em casa. Inclua seu ente querido em suas atividades, sempre que puder; se não for possível, encontre um voluntário para lhe fazer companhia ou contrate alguém por algumas horas, toda semana, para você poder sair e dedicar-se a seus prazeres. Isso faz parte da manutenção da saúde mental. A relação entre você e seu ente querido ficará enriquecida por ela.

Durante meu último ano de cuidadora, parei de trabalhar fora de casa, mas acabei dedicando-me ao sonho de ser escritora independente. Ficar em casa, mesmo com a responsabilidade de cuidar de minha mãe, permitiu-me finalmente fazer isso. Se você ainda não está pronto para a aposentadoria, expanda seus horizontes e analise opções de trabalho em casa, se é aí que você precisa estar.

Também vale a pena investir em uma cadeira de rodas, não apenas para exercícios, mas também para a locomoção. Mesmo que o ente querido ainda ande bem, as cadeiras de rodas são úteis em situações que exigem caminhadas mais longas e cansativas.

Com a ajuda da cadeira de rodas, pude levar minha mãe ao supermercado, para fazer compras de Natal, ao zoológico, a museus e galerias, e até para fazer trilhas mais suaves.

No Brasil, os Departamentos Estaduais de Trânsito (Detrans) disponibilizam adesivos que identificam os veículos de pessoas com deficiência ou de seus condutores. Geralmente, só pessoas com grande dificuldade permanente para andar são aptas a ter o direito de estacionar com o adesivo de "deficiente". Um médico perito do Detran terá de fazer uma avaliação para atestar a mobilidade reduzida. A consulta para obtê-la vale à pena.

O Estatuto do Idoso também estabelece que 5% das vagas de estacionamentos regulamentados, públicos ou privados, devem ser reservadas para os idosos, com idade a partir de 65 anos. Algumas cidades baixaram a idade mínima para 60 anos. Para ter direito a usufruir destas vagas é necessário solicitar e usar o Cartão do Idoso, que dá autorização para o estacionamento de veículos conduzidos por idosos, ou que os transportem, nas vagas sinalizadas, que costumam ser de mais fácil acesso e mais próximas de entradas e portarias. Verifique na Secretaria Municipal de Transportes de sua cidade como solicitar o cartão. Em grandes centros, onde a disputa por vagas é sempre difícil, esta pode ser uma grande vantagem para quem precisa levar o seu ente querido consigo ao sair.

Se a música foi parte importante da vida de seu ente querido e da sua, não subestime seu valor. Muitas vezes a pessoa ainda conserva a habilidade de tocar um instrumento musical, embora perca a memória para outras coisas. Assistam juntos a eventos musicais enquanto for possível. Pesquisa recente indica que a música também tem significativo efeito calmante nas pessoas com demência e ajuda a diminuir os sintomas de agitação.

Mantenha relacionamentos com outras pessoas ou cultive novas amizades. Talvez você ache impossível sair muito, mas você pode convidar os amigos para um lanche em sua casa. Não pense que elas não gostariam de ir! Se seu orçamento for apertado, sugira que cada um traga um prato para compartilhar. É também uma boa maneira de travar conhecimento com outros cuidadores, ou mesmo com os vizinhos. Uma cuidadora de nosso grupo de apoio local, que perdeu o marido, continuou a ser anfitriã de encontros anuais para o restante de nós, inclusive nossos parentes.

Se a depressão é problema crônico ou grave, sobre o qual você parece não ter controle, talvez seja preciso buscar ajuda profissional. Um clínico geral é uma das pessoas mais importantes para você consultar e pedir um diagnóstico cuidadoso e encaminhá-lo a um especialista. O clínico geral também está em melhor posição para fazer as recomendações necessárias, mas, além dele, conselheiros treinados e religiosos também são boas fontes de apoio e, em geral, conhecem bastante sobre depressão. Às vezes, é preciso usar medicação. Os sinais e sintomas de uma depressão mais severa incluem:

- fadiga/fraqueza generalizada;
- episódios de choro incontroláveis e frequentes;
- perda de peso ou, às vezes, aumento de peso;
- pressão sanguínea baixa;
- dor de cabeça ou ansiedade e dores generalizadas;
- prisão de ventre;
- perturbações do sono;
- lapsos de memória ou confusão;
- sintomas de ansiedade: aperto no peito, cólicas estomacais, tremores, vertigem, nó na garganta, suor, diarreia, palpitações;

- consumo excessivo de álcool;
- oscilações de humor;
- autoconceito negativo e baixa autoestima;
- pensamentos suicidas.

Como buscar apoio espiritual

O apoio espiritual para você e seu ente querido assume muitas formas. Um dos melhores sistemas de apoio é um lugar de celebração religiosa. No meu caso, era a igreja do bairro.

Dentre todos os lugares, a igreja é um espaço onde se pode levar o ente querido, mesmo em tempos de comportamento anormal. As comunidades religiosas que são sensíveis às necessidades das pessoas com danos na memória e de seus cuidadores devem poder sugerir algumas maneiras criativas para ajudar vocês dois a desfrutar da celebração, em um domingo de manhã ou em ocasiões variadas durante a semana. Caso duvide que isso seja verdade, fale com o sacerdote, pastor ou líder religioso. Talvez você tenha de tornar claras suas carências. Quem sabe também você descubra que tem de procurar uma paróquia ou comunidade que satisfaça seus anseios. Encontrá-la é um pouco como achar um bom cuidador para trabalhar em casa. Mais cedo ou mais tarde, com persistência e oração, você encontra o lugar certo para vocês dois.

Uma paróquia que conheço dá aos cuidadores um momento de descanso todo domingo, oferecendo cuidados domiciliares. O pessoal se reveza para cuidar do marido de uma paroquiana que tem memória deteriorada, para que ela participe das missas. Outra patrocina vários grupos de apoio e oferece seminários de treinamento sobre assuntos relacionados ao cuidar.

Há um movimento chamado Parish Nursing [Enfermagem paroquial] que se iniciou nos Estados Unidos por intermédio dos esforços de Granger Westberg e sua filha, Jill Westberg-McNamara, e se espalhou para muitos países onde enfermeiras trabalham em igrejas e outras comunidades de fé, como sinagogas, para ajudar a coordenar os cuidados para membros da congregação. Algumas enfermeiras paroquiais orientam grupos de apoio a cuidadores. As igrejas também têm salas de palestra ou para atendimento de saúde ou comissões de bem-estar para promover a saúde e a integridade. Vale a pena pesquisar para ver se há algum lugar assim próximo à sua residência.

Quando superei minha raiva de Deus e fui à igreja, eu tive certeza de que encontrara o lugar perfeito quando, num domingo, após o sermão, a comunidade começou a cantar uma canção cuja razão era um idoso chamado George, que sofria de demência. Todo domingo, as palavras do sacerdote despertavam alguma outra coisa na memória de George que se relacionava com uma canção conhecida. Quando isso acontecia, ele iniciava o coro e todos o seguiam, incentivados pelo sacerdote. Foi o que aconteceu neste domingo em particular, e eu então pensei: "Este é um grupo que se sente bem com pessoas com demência!".

Como encontrar alegria no deserto

A depressão tem sido com frequência chamada de "experiência no deserto". Muitas pessoas com Alzheimer sabem que essa é uma verdade. Ficam perdidas em sua confusão e na teia emaranhada de suas mentes. No livro *My Journey into Alzheimer's Disease* [Minha viagem ao mal de Alzheimer], Robert Davis, ministro presbiteriano diagnosticado com Alzheimer, escreveu sobre um aspecto de sua experiência de deserto:

> Vou a cultos religiosos para adorar a Deus, mas não posso cantar. Não participo das leituras e orações porque minha mente não sabe fazer duas coisas ao mesmo tempo. Cantos e leituras em grupo exigem que diversos processos aconteçam ao mesmo tempo para escutar os outros e regular o ritmo de minha leitura ao ritmo da deles. Uma coisa tão simples. Mas impossível para mim agora.
>
> De repente, sobressaio no culto, calado e continuamente confuso durante a hora de cantar hinos. Sinto que os outros fiéis me olham de soslaio, imaginando porque não participo. Minha nova paranoia também se manifesta, fazendo-me imaginar se eles pensam que, com meu silêncio, demonstro desaprovação do hino, da igreja, dos músicos, ou das pessoas a minha volta. Esse momento de alegria transformou-se em momento de frustração e ansiedade.
>
> Ultimamente eu preferiria chegar tarde ao culto, depois dos primeiros hinos e leituras que empregam responsos. Entretanto, por amor à decência, não chego. Como desejo cantar de todo o coração e assim expressar plenamente minha alegria, mas não consigo, a tristeza disso e essa sensação de perda tomam conta de mim a ponto de meus olhos se encherem de lágrimas – lágrimas que só agravam minha paranoia e meus medos sempre presentes do que as pessoas pensam.[2]

---

[2] DAVIS, Robert. *My Journey into Alzheimer's Disease*; a Story of Hope. Wheaton: Tyndale House, 1989. p. 114.

Como cuidadores, também experimentamos o deserto vazio e seco à medida que gradativamente perdemos nosso ente querido para uma doença. Como um cuidador perguntou: "Onde está a *essência* de meu pai?". A essência. Aquelas características especiais, imprescindíveis, que fazem de nosso ente querido um ser único. Onde estão? Estão gradativamente perdidas com a evolução do mal de Alzheimer, deixando-nos em um deserto colorido com as memórias do passado.

No livro *Loneliness* [Solidão], Elisabeth Elliot escreveu o seguinte: "Os desertos de que fala a Bíblia eram em geral lugares muito secos, mas Deus pode mudar isso. Ele pode fazer regatos no deserto, fontes nos vales e fornecer alimento no sertão".[3]

Os regatos e as fontes que Deus cria transformam nossa solidão e depressão em experiências significativamente diferentes. Isso com frequência ocorre por meio de amigos, parentes e cuidadores da comunidade que entram em nosso mundo e nos dão ajuda e oportunidades de consolo pessoal. A alegria também vem quando aceitamos as circunstâncias e deixamos Deus satisfazer nossas necessidades mais profundas de relacionamento.

---

[3] ELLIOT, Elisabeth. *Loneliness*. Nashville: Oliver Nelson, 1988.

PARTE **4**

Dizer adeus

A morte não é escuridão.
É diminuir a luz quando rompe o dia.
Rabindranath Tagore

CAPÍTULO 15

As decisões difíceis

Diz um versículo da Bíblia: "Tudo tem seu tempo. Há um momento oportuno para cada coisa debaixo do céu" (Ecl 3,1).

Muita gente troca os cuidados principais em casa por um período de cuidados em um lar ou clínica de repouso para seu parente. Para outras pessoas, o período de cuidados em casa chega ao fim somente com a morte do ente querido. Nenhuma mudança é fácil; as duas provocam um grande número de decisões difíceis.

Saber quando desistir de cuidar em casa

Chegou a hora. Essas palavras estão carregadas de emoções conflitantes para os cuidadores que finalmente tomam a decisão de internar o ente querido em uma instituição de cuidados prolongados. Essa escolha nunca é fácil, mas muitos cuidadores sabem quando *é a hora certa.*

Meu marido chorava bastante. Ele não parava de dizer: "Ajude-me, ajude-me, por favor, me ajude", repetidamente. Ninguém conseguia dormir. Todo dia a mobília estava completamente desarrumada. Ele urinava no meio da cozinha. Nos fins de semana, simplesmente não nos importávamos com a casa. As visitas chegavam e as cadeiras estavam em cima da mesa. Às vezes o sofá estava virado para baixo. Era um caos. Então um dia recebi um chamado no trabalho. Meu marido estava em casa, esmurrando a porta da frente, gritando por não conseguir sair. Um dos cuidadores domiciliares telefonara para mim, sem saber o que fazer. Uma luz se acendeu em minha cabeça. Eu disse a mim mesma: "Chegou a hora".

O tempo certo para colocar o ente querido na instituição de cuidados prolongados quase sempre se relaciona com a percepção de que já não somos fisicamente capazes de cuidar dele, por causa de nossos próprios problemas de saúde.

Ouço dizerem: "Eu jamais poria meu pai ou minha mãe em uma clínica de repouso". Bem, eu também jamais poria, se pudesse tratá-lo em casa. Mas eu não podia. Minha mãe não podia. Fisicamente não podíamos lidar com a situação.

É preciso ser prático. É preciso saber quando simplesmente não se aguenta mais a barra – física ou emocionalmente. Quando já não podemos dar às pessoas que amamos o cuidado de que elas precisam, é hora de decidir.

Antes de pôr meu marido em uma clínica de repouso, tive ajuda oito horas por dia. Não era suficiente. Eu ficava acordada a noite toda, todas as noites. E tenho 88 anos. Chegou ao ponto em que percebi que era eu ou ele, e eu sabia ainda não estar pronta para ir para uma casa de repouso.

A última gota pode ser a violência física por parte de nosso parente.

Certa manhã, meu marido bateu-me no ombro. Ele ameaçara-me muitas vezes, mas nunca chegara às vias de fato. Não doeu de verdade, mas me assustou muito.

Justo nesse momento o telefone tocou. Era minha filha. Chorando, contei-lhe o que acontecera. Ela imediatamente telefonou à assistente social que já nos proporcionava alguma ajuda nos cuidados domiciliares.

A assistente social veio ver-me aquela tarde. Era uma segunda-feira. Na quinta-feira meu marido foi admitido na clínica de repouso, que ficava razoavelmente perto de nossa casa.

Fiquei contente por ele estar indo para aquela clínica em especial. Eu a visitara uma vez e gostara dela mais que de todas as outras. Isso tornou a decisão um pouco mais fácil.

Para outros, o motivo é a segurança – segurança para nosso ente querido e para outros membros da família.

Papai estava sempre caindo. Procurávamos impedir isso, mas o único jeito era mantê-lo preso em uma cadeira e ele lutava bastante contra isso. A outra alternativa era sedá-lo, mas então era fisicamente impossível lidar com ele. Por isso, acabamos por decidir que, para o bem dele e o meu, a clínica de repouso era melhor.

O dia em que minha mãe pôs fogo na cesta de papéis do quarto foi quando decidimos fazer alguma coisa. Ela simplesmente já não estava mais em segurança.

Assim, as circunstâncias nos fazem decidir. Contudo, ainda temos de lidar com nossas emoções confusas. E a emoção predominante é a culpa.

Não raro, a culpa vem à tona por causa da atitude dos outros.

Há muita gente que pensa que pomos nossos pais em uma clínica de repouso porque queremos nos livrar deles, que não queremos nos incomodar, que já não nos importamos, que não damos valor ao que eles fizeram por nós. Não percebem que essas não são, de modo algum, as razões.

Felizmente, a culpa inicial é quase sempre seguida pelo alívio de saber que, com base em nossa situação, tomamos a melhor decisão para todos os envolvidos.

Entretanto, não se surpreenda se os sentimentos ambivalentes permanecerem.

> Às vezes, mamãe ainda sente-se culpada, mas ela sabe que papai está sendo bem cuidado.
> Mamãe preocupa-se realmente com ele. Reza por ele todos os dias. E, uma vez por semana, eu a levo para vê-lo. Se alguma coisa acontecer, ela está preparada.
> Poderíamos ficar aflitas se papai estivesse em outro lugar que não fosse a clínica onde ele está. É boa, é limpa e é perto. Lá ele é tratado com bondade. O médico comparece toda sexta-feira, examina cuidadosamente a ele e a seus registros. Quando há um problema, o médico fica de plantão.
> Pensando bem, é o melhor que poderíamos querer.

> Havia muita culpa. A clínica de repouso era o último lugar aonde eu queria que papai fosse.
> Quando ia visitá-lo, eu ficava sentada no carro e suplicava forças para entrar e passar por todas aquelas emoções conflitantes que eu sabia que sentiria. Rezava para parecer alegre.
> Naquela primeira semana eu só queria arrumar as malas de papai e levá-lo para casa. Cheguei a pensar em largar meu emprego para cuidar dele. Mas, mesmo enquanto pensava no assunto, eu sabia que não poderia. Sabia que não era o melhor. Para mim. Para minha família. Para papai.

> Ainda me sinto culpado sempre que visito minha mulher.
> Uma noite dessas fui visitá-la, ela me abraçou e me beijou e parecia saber quem eu era. Chorei. Não consegui evitar.

Mas quando ela não está bem, não me reconhece e não presta atenção em mim, alegro-me por ela estar onde está.

Assim, sinto-me bem. E sinto-me mal.

Sinto-me realmente culpada por não ir à clínica de repouso com tanta frequência quanto costumava ir. No começo eu via meu pai um dia sim, outro não. Mas, então, de repente percebi haver outras coisas que precisavam ser resolvidas.

Minha mãe, que ainda está em casa, também tem necessidades. Muitas necessidades. Preciso ir vê-la também. Ela mora sozinha, mas não cozinha. Cozinho em casa e monto jantares congelados para ela.

Então nem sempre consigo ir ver meu pai todos os dias.

Podemos nos perguntar: "Tomei a decisão certa?". Mas chega o dia em que saberemos com certeza que a resposta é sim.

No começo foi difícil. Papai sempre queria vir para casa conosco. Quando chegava a hora de irmos embora, dizíamos para as enfermeiras: "Por favor, atraiam a atenção de papai". E as enfermeiras procuravam distraí-lo, enquanto saíamos sorrateiramente.

Então, um dia, quando nos preparávamos para ir embora, papai virou-se para nós e disse: "Sabem meninas, este lugar não é ruim. Até que gosto dele. Acho que vou comprá-lo".

De repente, nossa culpa por causa da internação desapareceu.

No meio dessa difícil tomada de decisão, alguns cuidadores sentem saudade dos bons e velhos tempos, quando a vida era simples e as famílias ficavam juntas transpondo todos os obstáculos. Em *The 36-Hour Day* [O dia de 36 horas], Nancy Mace e Peter Rabins puseram esses "bons velhos tempos" em perspectiva:

Tendemos a pensar nos "bons velhos tempos" como uma época em que as famílias cuidavam de seus idosos em casa. Na verdade, no passado, poucas pessoas viviam o bastante para suas famílias enfrentarem o fardo de cuidar de alguém com algum tipo de demência. Quem realmente envelhecia e adoecia estava na casa dos 50 e 60 anos, e os filhos e filhas que cuidavam deles eram consideravelmente mais jovens do que você será quando seu pai ou sua mãe precisar de cuidados, com 70 ou 80 e tantos anos. Hoje, muitos "filhos" de um pai ou mãe doente estão eles próprios na casa dos 60 ou dos 70 anos.[1]

Os tempos mudaram. Para as famílias de hoje, a primeira meta é apoiar um ente querido no ambiente que melhor satisfaça as necessidades dele.

A segunda meta é nos livrarmos da culpa que nasce quando a internação na clínica de repouso é necessária. Isso nos faz lembrar que quase 70% dos leitos das clínicas de repouso são ocupados por pessoas que sofrem do mal de Alzheimer ou de uma demência relacionada a ela. Não estamos sós.

Quais são as opções?

Há muitas opções disponíveis para cuidados prolongados fora de casa.

A clínica residencial

As clínicas residenciais destinam-se àqueles que não precisam de cuidados médicos nem de enfermagem, mas que não podem viver sozinhos por causa da idade, da saúde insatisfatória ou de

---

[1] MACE, Nancy L.; RABINS, Peter V. *The 36-Hour Day*. New York: John Hopkins University Press/Warner Books Edition, 1992. p. 326.

uma incapacidade crônica. Os residentes são ajudados por assistentes em atividades cotidianas como tomar banho, vestir-se, preparo de refeições e serviço doméstico. Nem todas as clínicas aceitam pessoas com Alzheimer e algumas têm cotas. Por outro lado, mais clínicas estão sendo abertas exclusivamente para doentes de demência. Entretanto, a menos que estejam entre as poucas clínicas registradas para cuidados residenciais e de enfermagem, talvez não sejam capazes de cuidar das pessoas quando estas se tornam totalmente incapacitadas e precisam de cuidados de enfermagem mais intensos. Na prática, como os residentes ainda estão aptos para receber os costumeiros serviços comunitários de enfermagem e o atendimento de seu médico, talvez possam continuar nas clínicas residenciais sem serem transferidos. As regras dessas clínicas variam, e também podem proporcionar serviços para dar folga aos cuidadores que precisam sair em um feriado ou têm compromissos que requerem viagens (veja o capítulo 11).

Uma assistente social pode ajudá-lo a conseguir um lugar para seu parente em uma clínica residencial local pública ou privada. Antes de qualquer internação, vão lhe perguntar se concorda com uma avaliação das necessidades a fim de determinar a melhor opção de internação para seu ente querido. Se pedir com antecedência, talvez seja possível conseguir uma estada experimental ou talvez visitas diárias. As clínicas também precisam de uma avaliação para saber se são capazes de proporcionar o nível apropriado de cuidados para seu ente querido. Eles têm o direito de recusar, se acreditarem que não são capazes de satisfazer-lhes as necessidades; se a pessoa com demência também adotar comportamentos mais difíceis de controlar, quando estiverem na clínica residencial, as famílias podem ser consultadas a respeito de examinarem diferentes opções de residência onde haja mais supervisão disponível. Algumas clínicas residenciais também têm listas de espera; por isso, se você tem uma determinada clínica em mente, deve pensar em colocar seu ente querido na lista. Se está estudando opções, pense em usar uma série de critérios. Diretrizes e recursos estão incluídos no Apêndice A.

O mesmo vale a respeito de clínicas residenciais particulares e clínicas mantidas por voluntários que não visam o lucro. Tamanho e tipo de acomodações e padrões de cuidado variam tremendamente e é impossível fazer generalizações. Verifique se a clínica está registrada de acordo com as normas legais e é inspecionada regularmente (requisito legal). Converse com outros cuidadores e com grupos de assistência ao idoso, se tiver alguma dúvida. Muitas pessoas preferem inicialmente os cuidados em clínicas residenciais por causa da atmosfera doméstica e da atenção pessoal oferecida, mas a internação em clínicas de repouso proporciona um nível mais elevado de cuidados, quando as pessoas precisam de mais assistência em todas as atividades da vida cotidiana.

Cuidados hospitalares

Os pacientes de Alzheimer podem ser colocados nas alas de idosos de hospitais gerais ou em ambientes de tratamento de saúde mental. Em geral, quando esses pacientes são hospitalizados, não é por causa do Alzheimer, mas por alguma outra razão, tal como fratura devido a um tombo ou pneumonia. Todavia, essa pode ser uma boa ocasião para mais avaliações relacionadas à demência. O sus cobre inicialmente os cuidados hospitalares de quaisquer idosos a partir dos 60 anos e a Previdência Social disponibiliza o saque do FGTS (Fundo de Garantia do Tempo de Serviço) para tratamento de quem ainda está empregado, de modo que esse é, na verdade, um benefício auferido, não um serviço gratuito. Hoje em dia, breves internações hospitalares são a regra, com cada vez mais serviços disponíveis na comunidade para cuidados de acompanhamento em casa ou em outros locais, como clínicas de repouso.

Clínicas de repouso

Há vários tipos de clínicas de repouso. Muitas são administradas por particulares, algumas por organizações voluntárias ou de caridade e outras pelas autoridades ou conselhos locais por meio dos serviços sociais. Algumas clínicas administradas por particulares são consideradas *empresas particulares* e outras *empresas sem fins lucrativos*. Uma equipe habilitada presta os cuidados de enfermagem 24 horas por dia, inclusive enfermeiras profissionais diplomadas e uma equipe treinada que cuida das necessidades pessoais. Os residentes precisam de mais ajuda nas atividades cotidianas do que os das clínicas residenciais e podem necessitar de ajuda para se alimentar e ir ao banheiro. Há algum nível de cobertura médica em todas as clínicas de repouso, embora em geral os médicos não trabalhem nelas. Especialistas do hospital são chamados, quando há orientação do clínico geral, que, normalmente, é o responsável pelo controle da saúde dos residentes; porém, estes podem ser transferidos para um atendimento hospitalar, se necessário. O Apêndice A inclui mais informações sobre inspeções de clínicas de repouso e como obter relatórios de inspeção.

Cuidados especiais/unidades de demência

Alguns hospitais e clínicas de repouso têm unidades de cuidados especiais para pessoas com demência. Em geral, permitem aos pacientes perambular livremente em um ambiente supervisionado. Trabalhei em algumas dessas unidades nos Estados Unidos, localizadas em clínicas de repouso, e achei-as especialmente adequadas ao doente de Alzheimer. Têm equipes de enfermeiras e outras pessoas com treinamento especial que também adquirem habilidade pelo trabalho exclusivo em um único ambiente. O grupo local de apoio aos portadores de Alzheimer e a ABRAZ devem ser boas fontes de informações específicas.

A qualidade varia de clínica para clínica, e não depende do fato de estar voltada para o lucro ou ser uma entidade sem fins lucrativos. Por experiência, sei que a qualidade dos cuidados depende do treinamento e das atitudes da equipe de funcionários.

Em busca de um local para cuidados prolongados

Há muitas coisas a considerar ao procurar um local fora do lar para seu parente. Os pontos a seguir ajudam a facilitar as coisas.

- Converse com outros cuidadores que colocaram entes queridos com Alzheimer em situações de moradia alternativa. Como escolheram aquela clínica em particular? Estão contentes ou descontentes? Por quê?

- Procure enfermeiras, assistentes sociais ou outras pessoas da comunidade que trabalham com idosos, principalmente com aqueles que têm Alzheimer ou outros tipos de demência. Pergunte o que está disponível na área.
- Tenha em mente suas limitações e os interesses de sua família. Por exemplo, pode haver uma clínica excelente há várias horas de distância que tenha uma unidade especial para pacientes com Alzheimer. É uma opção? As visitas de parentes e amigos ainda seriam possíveis?
- Reúna-se com o clínico geral de seu parente. É bom contar com a participação de um médico logo no início do processo de planejamento, para informações e apoio. Além disso, a recomendação de um médico costuma ser necessária para avaliação antes da admissão em uma clínica de repouso.

Infelizmente, muitos cuidadores procuram uma clínica de repouso da mesma maneira que compram presentes de Natal. No último minuto.

Isso é imprudente. Planeje com antecedência. Isso lhe possibilitará escolher a clínica mais adequada à personalidade e às necessidades de seu ente querido. Se ele sempre frequentou a igreja, por exemplo, e participava de um estudo bíblico semanal, pense em uma clínica que tenha uma diversidade maior de atividades religiosas. Não espere uma crise para então buscar um leito disponível, confiando na sorte. As probabilidades são de que não haverá.

Listas de espera

Em sua maioria, as clínicas as têm. Mesmo que você não esteja certo quanto à internação, é prudente preencher formulários em algumas delas. (Você pode sempre recusar se for chamado e não estiver pronto para a internação. Apenas peça à clínica que o chame novamente no futuro.) Com os hospitais dando alta a pacientes mais depressa, e aos que exigem mais atenção e cuidados, é bem provável que algumas acolham o paciente diretamente do hospital. Talvez seu ente querido não possa ir para a clínica de seu agrado, se eles receberem os pacientes diretamente do hospital e a lista de espera na clínica escolhida for longa.

Algumas limitam o número de acolhimento de pessoas com demência. Nesse caso, é imprescindível que seu ente querido seja incluído na lista de espera.

Confusões legais

Há sempre necessidade de examinar questões legais relacionadas com a internação em clínicas residenciais e de repouso. Organizar pontos confusos leva tempo. Não se engane.

Critérios e recursos adicionais

Procure informar-se com os grupos de apoio sobre os recursos, as opções e os custos de cuidados. Avalie a clínica de repouso ou outras instalações semelhantes usando o bom senso e as *sensações*. Vá a vários locais. Visitas planejadas com os assistentes sociais e/ou administradores da clínica de repouso são essenciais, mas talvez seja bom você também chegar inesperadamente. Converse com alguns dos pacientes e suas famílias. Observe se os pacientes participam de atividades sociais e relacionadas com a saúde. Considere o trabalho da equipe de enfermagem. Preste atenção às primeiras impressões e ao que suas sensações lhe dizem.

– O que você *sente*? O lugar parece um lar ou uma instituição? Mesmo em clínicas grandes, dá para notar as atitudes solícitas, compassivas, não institucionais – se a equipe as possui.

– O que você *vê*? As melhores clínicas combinam bons cuidados de enfermagem com uma atmosfera confortável. Os quartos individuais são alegres, com quadros nas paredes e lembranças de casa? Em sua maioria, os residentes não acamados estão bem arrumados e vestidos com roupas adequadas ao dia? A maioria parece alerta? *Alerta* não significa necessariamente "orientado". Tem mais a ver com estar desperto. Se, em sua maioria, os residentes não estão alertas, talvez isso seja sinal de medicação inapropriada ou até de enfado, se há poucas atividades na clínica.

Os auxiliares de enfermagem (as pessoas que fazem a maior parte do trabalho prático) parecem frenéticos e desgastados ou relativamente calmos e descontraídos? Pergunte sobre a proporção entre atendentes e residentes; é bom saber se a clínica tem o número adequado de auxiliares.

– O que você *ouve*? Preste atenção ao que as pessoas dizem e no tom de voz delas. A equipe conversa com os residentes? Sobre que conversam? A equipe fala aos residentes com dignidade e respeito?

Não fique excessivamente preocupado se às vezes ouvir berros ou gritos dos residentes, especialmente na hora do banho: residentes confusos ressentem essa intromissão ou ficam assustados.

– Que *cheiro* você sente? Em uma clínica de repouso não é possível ter um ambiente completamente livre de odores. Talvez você sinta o cheiro de urina ou fezes vindo de um ou dois quartos, enquanto caminha pelo corredor. Isso deve ser uma exceção, não a regra. Se houver um odor difuso de urina, ou outro cheiro desagradável, pergunte por quê. Preste atenção se a equipe da manutenção esfrega o chão e tira o pó com pano úmido.

Pergunte ao diretor de enfermagem que tipo de treinamento a equipe recebe. O treinamento extensivo de toda a equipe de enfermagem deve ser um requisito; em geral, o treinamento básico é feito antes de o funcionário ser contratado, por intermédio de outras instituições educacionais. As clínicas devem ter um período de orientação para toda a equipe, que inclua uma visão geral dos direitos dos residentes; assuntos relacionados com abuso, maus tratos e negligência dos residentes; os problemas do envelhecimento; segurança contra incêndios para a equipe e os residentes; e treinamento nos métodos apropriados de erguer e mover os residentes. Peça para ver uma cópia do programa de orientação, que deve estar disponível na maioria das clínicas de repouso. Sinta-se à vontade para fazer perguntas sobre quaisquer desses assuntos.

Como pago as contas?

Uma das primeiras perguntas que a clínica de repouso faz à família de um residente em perspectiva é: "Quem pagará a conta?". Clínicas não costumam ser baratas. Mas seu custo abrange refeições nutritivas, cuidados médicos e de enfermagem, que incluem muitos funcionários treinados. Uma estimativa inicial abrangente do serviço social antes da internação deve levar em conta a avaliação por um gestor de casos para determinar o tipo e o nível real dos cuidados necessários, uma estimativa financeira para determinar a contribuição de seu ente querido e/ou a sua para os cuidados requeridos e um parecer quanto a que cuidado específico de enfermagem pode ser essencial. Atualmente o sus, de acordo com o inciso IV do Estatuto do Idoso, paga pelos serviços de enfermeiras em clínicas de repouso.

Instituições diferentes têm estruturas diversificadas de remuneração. As taxas também variam conforme o tipo de quarto que a pessoa ocupa, por exemplo, individual ou partilhado com um ou mais residentes. Algumas clínicas só aceitam pagantes, enquanto outras só residentes que tenham as despesas cobertas pelo sus; algumas aceitam ambos. Estimativas financeiras são exigidas para você receber qualquer tipo de financiamento governamental. As clínicas devem dar as informações de custos por escrito. Sinta-se à vontade para fazer perguntas se houver alguma dúvida. O pagamento por cuidados alternativos pode ser controlado de várias maneiras, inclusive as seguintes:

Fundos particulares

Algumas famílias podem pagar pelos cuidados das clínicas de repouso, embora não necessariamente para sempre. Os custos variam e podem aumentar todo ano. Você deve levar em consideração uma estimativa financeira, mesmo que esteja bancando as despesas, já que alguns gastos com seu ente querido podem ser cobertos por fundos governamentais.

Cônjuges, filhos e outras partes responsáveis precisam consultar um advogado a respeito de sua obrigação financeira e outras questões de interesse. Por exemplo, você é legal e financeiramente responsável por seu pai ou sua mãe em uma clínica de repouso? Por todos ou por uma parte de seus cuidados? Converse com a assistente social da clínica de repouso, mas não assine nada antes de também confirmar com seu consultor financeiro.

Benefícios

Devido ao alto custo dos cuidados de enfermagem, é imprescindível estar a par dos benefícios aos quais você ou seu parente têm direito.

A Previdência Social oferece várias modalidades de benefícios além da aposentadoria aos segurados do INSS. Verifique as formas de seguro com que seu ente querido e você podem contar em uma Agência da Previdência Social ou no site do Ministério (http://www.previdencia.gov.br/pg_secundarias/beneficios.asp).

Seguro e pensões

O plano de saúde particular e certos planos de previdência privada ou seguros de vida também podem cobrir alguns custos de clínicas de repouso. Alguns planos são excelentes, enquanto outros pagam quantias irrisórias por cuidados do tipo custodial. Converse diretamente com seu agente de seguros ou o representante da companhia sobre benefícios disponíveis.

Benefícios para ex-integrantes do serviço militar

Se seu ente querido integrou o serviço militar, informe-se sobre benefícios. Vale a pena também procurar saber a respeito de clínicas de repouso para ex-integrantes do serviço militar em sua região; fale diretamente com elas quanto à elegibilidade médica e financeira.

Assistência da categoria profissional

Verifique também se o seu ente querido tem direito a algum benefício ou assistência complementar junto ao sindicato de sua categoria profissional ou à entidade de classe que o representa.

Como tomar aquela decisão difícil

À medida que se pesam os prós e os contras da internação, leve em conta os problemas e perguntas a seguir. Suas respostas devem ajudá-lo a tomar uma decisão prudente e apropriada baseada nas necessidades de seu ente querido e de sua família.

- *Saúde.* Você consegue continuar a cuidar de seu ente querido em casa sem pôr em risco sua própria saúde mental, emocional e física? E a saúde de outros membros da família? Os cuidados que você consegue proporcionar mantêm seu parente tão saudável quanto possível – ou os males de saúde dele aumentam em frequência, duração e intensidade?
- *Segurança.* Você ainda é capaz de proporcionar um ambiente seguro, ou os acidentes estão cada vez mais constantes e fora de controle? A segurança do resto da família correrá riscos se seu parente permanecer em casa?
- *Apoio.* Você tem apoio da família, dos amigos e dos serviços comunitários, suficiente para lidar com necessidades crescentes de cuidados? A ajuda de que você precisa (ou vai precisar) é viável e está disponível?

A decisão de colocar minha mãe em uma clínica de repouso não foi fácil. Eu era uma dessas pessoas que sempre dizia a mim mesma: "Nunca vou fazer isso". Mas então, um dia, fiz exatamente como outros cuidadores fazem. Saúde, segurança e apoio foram fatores que influenciaram minha decisão. Parecia que mamãe e eu passávamos cada vez mais tempo no chão; ela não conseguia mais andar quando o Alzheimer progrediu para os estágios finais e as transferências da cadeira para a cama ou da cadeira de rodas para o carro ficaram cada vez mais difíceis. A segurança para nós duas era um problema, unido a finanças reduzidas e à decisão que eu tomara de mudar para outra cidade a fim de continuar minha educação. A inesperada ida de mamãe ao hospital, devido a um problema de saúde sem relação com o

Alzheimer, foi o acontecimento que me convenceu de que "chegara a hora". Amigos e parentes me apoiaram, percebendo melhor que os cuidados em casa na verdade não proporcionavam o melhor para ela, por mais que eu achasse estar dando conta.

Como continuar a cuidar

Você ainda pode cuidar do ente querido de maneira prática, quando ele se muda para uma clínica de repouso ou um hospital. Renúncia não significa abandono. De fato, uma boa clínica acolherá com prazer todo apoio que você oferecer. Isso inclui visitas, bem como sugestões úteis – tiradas de seus anos de experiência – sobre como cuidar de seu parente.

- As pessoas que estão confusas saem-se melhor em ambientes conhecidos. Sugira arrumar a mobília do jeito que estava em casa, se isso for possível. Algumas clínicas até permitem que você leve a mobília com a qual o paciente está familiarizado. Traga também quadros, fotografias e, naturalmente, as roupas favoritas de seu parente.

- Em geral, é bom estar com seu ente querido no dia da admissão, embora as situações variem. Você não tem de, necessariamente, ficar o dia todo, mas algumas horas serão proveitosas para a transição inicial. Leve alguém com você para apoio – outro membro da família ou um amigo íntimo. Não presuma que os entes queridos não vão se ajustar. Às vezes, eles se acomodam imediatamente e, se já não reconhecem rostos conhecidos, todos são parentes para eles.

- Antes ou no dia da admissão, a enfermeira vai querer saber mais a respeito dos antecedentes de seu ente querido. Isso se chama "acolher o histórico social". Como enfermeira, acho o histórico social de importância vital. O histórico pode incluir o tipo de trabalho que seu ente querido costumava fazer, empregos que teve, passatempos e interesses especiais, informações sobre filhos e netos (inclusive nomes e endereços), pertença religiosa, línguas que ele fala etc. Infelizmente, em algumas fichas as informações são muito escassas, ou porque não há nenhum parente para dá-las, ou porque as famílias acham que as informações são pessoais demais.

O departamento de atividades da clínica pode usar essas informações para planejar um programa adaptado às necessidades de seu ente querido. Por exemplo, se seu parente era bastante ativo na igreja, podem ser tomadas providências para assistir a missas e celebrações religiosas especiais na clínica. Outras atividades podem incluir festas e reuniões sociais, cinema, bingo, artesanato. Quem tem Alzheimer pode não ser capaz de participar ativamente dessas atividades, mas talvez aprecie fazer parte de um grupo.

O histórico social também é proveitoso para os auxiliares de enfermagem cuidarem de seu ente querido. Saber alguma coisa a respeito dos interesses e da ocupação do paciente fornece um ponto de contato para iniciar uma conversa.

Anne Evans e John Smith exemplificam o valor de um histórico social detalhado. Anne Evans era uma residente nos primeiros estágios do mal de Alzheimer que se sentia muito deprimida. Compareci a um dos encontros em que a equipe falou sobre possíveis razões para sua depressão e sugeriram meios para alegrá-la. Ao folhear seu histórico social, notei que fora uma dedicada golfista. Naquela noite fui para casa, embrulhei um pacote novo de bolas de golfe e levei-o ao serviço no dia seguinte. Anne e eu desembrulhamos o pacote juntas. Esse pequeno ato não curou sua depressão, mas iluminou-lhe o dia e proporcionou um ponto de contato. Ela apreciava falar desse interesse passado, o que lhe abriu as portas para conversar sobre esses interesses, bem como de outros assuntos mais imediatos.

John Smith era um residente nos estágios avançados de demência com percepção marcadamente deprimida. Uma auxiliar de enfermagem me disse: "Quando cuido dele, sempre ligo o rádio em uma estação de música clássica. Um de seus parentes disse-me que ele tocava violino e, quando era mais jovem, fez parte de uma orquestra". Essa informação não fazia parte do histórico social do senhor Smith. Acrescentei uma nota à ficha e pusemos um aviso sobre o rádio para que ficasse ligado em determinada estação.

Essas informações úteis são facilmente esquecidas em meio ao atropelo da admissão de um ente querido. Entretanto, sinta-se à vontade para transmiti-las (de preferência por escrito) a qualquer tempo, para que sejam comunicadas à equipe e beneficiem seu ente querido.

- É importante continuar a visitar. Algumas pessoas visitam diariamente, outras semanalmente, outras com menos frequência. Não existe cronograma certo ou errado. Prepare cuidadosamente um plano de visita que satisfaça as necessidades de todos os envolvidos.

A visita nem sempre tem de ser na clínica. Talvez você queira sair com seu ente querido: ir a um restaurante ou a um café, fazer um passeio no parque, fazer compras, ir a uma festa familiar ou à igreja. Voltar à casa onde ele morou pode ou não ser uma boa opção. Certas pessoas ajustam-se facilmente a isso; mas outras, quando chegam em casa, querem ficar lá. Alguns doentes de Alzheimer sofrem aumento da depressão relacionado a passeios e visitas ao lar, e, na verdade, para estes pode ser melhor ficar na clínica. Não se sinta culpado se esse for o caso, mesmo em feriados que normalmente são ocasiões para reunir a família. A equipe será sincera se você perguntar como seu ente querido reajusta-se à rotina da clínica de repouso depois de uma visita em casa.

Quando for fazer uma visita, use o tempo para cuidar de seu ente querido de maneira prática. Faça-lhe as unhas, caminhe com ele ou empurre-o na cadeira de rodas, ajude-o a comer nas horas das refeições (a menos que as normas da clínica o proíbam). Fazer realmente alguma coisa ajuda-o a se sentir melhor a respeito da visita. Se seu ente querido sempre gostou de literatura, passe algum tempo lendo para ele.

Problemas dos cuidados contínuos

Problemas podem surgir mesmo depois de seu ente querido se acomodar na clínica. Converse com a enfermeira encarregada, a assistente social ou o supervisor de enfermagem a respeito de quaisquer problemas. Entretanto, lembre-se de que algumas coisas são feitas de um jeito bem diferente de como aconteciam em casa. O uso de algum tipo de repressório (na cintura ou colete) era muito comum até algum tempo atrás em clínicas de repouso e hospitais, com base na crença de que eles impediriam a pessoa de cair da cama ou de uma cadeira e, assim, evitariam ferimentos. Como mencionamos antes, hoje tais recursos raramente são usados, pois a pesquisa indica que os ferimentos provocados por quedas de pessoas que estão com repressórios são mais graves que os ferimentos sofridos pelas que estão sem eles. Em clínicas residenciais e de repouso, há meios alternativos para impedir que doentes de demência perambulem para fora da clínica, tais como cadeiras especiais, alarmes na cama e braceletes que disparam um sinal se a pessoa tenta sair do local. Se você tem alguma dúvida quanto ao tipo ou à qualidade dos cuidados proporcionados, converse com as pessoas encarregadas. Fale sobre suas preocupações.

Aproveite-se das atividades planejadas pela clínica de repouso, como lanches ou eventos nos feriados, que aperfeiçoam as relações entre a equipe e a família. Essa pode ser uma oportunidade menos estressante para conhecer a equipe mais de perto. De muitas maneiras as clínicas de repouso são realmente uma extensão da família. Esses tipos de atividade, quando todo mundo desfruta realmente a companhia uns dos outros, ajuda o paciente a ver a comunidade como uma zelosa reunião de amigos.

É inevitável que surjam perguntas a respeito dos cuidados no caso de um ente querido parar de respirar. O que deve ser feito? Deve-se ressuscitá-lo?

Em algumas instituições, a equipe toda é treinada em RCP (ressuscitação cardiopulmonar) e se espera que tentem reanimar qualquer residente que sofra uma parada cardíaca ou respiratória. Em outras clínicas, a equipe chama imediatamente uma ambulância. A equipe de socorro deverá, então, realizar tal procedimento de ressuscitação.

Há lugares, como nos Estados Unidos e em alguns países da Europa, que a pessoa determina em documento reconhecido por lei o tipo de tratamento que deseja receber em caso de doença terminal. No Brasil, esse tipo de documento não tem amparo legal, mas acordos informais são firmados entre os médicos e seus pacientes ou familiares responsáveis. Mas as decisões nesse sentido dependem muito do contexto e devem ser tomadas com cautela. De maneira geral, em casos de morte iminente, a ideia é não usar recursos extraordinários para a manutenção da vida, mas tratar os sintomas que causam desconforto, e não a doença em si.

A melhor atitude é analisar com antecedência que medidas devem ser tomadas em caso de emergência; geralmente isso é feito com o médico, a equipe de enfermagem e/ou a assistente social. Trata-se de assunto importante para discutir com membros da família antes da internação clínica. Além disso, converse com a enfermeira responsável para descobrir se a clínica providencia cuidados paliativos para doentes terminais em vez de transferi-los para o hospital. Esse tipo de cuidado em casa ou em uma instituição de cuidados prolongados geralmente proporciona uma atmosfera mais tranquila e confortável para o doente e seus parentes.

Finalmente, fique sintonizado com seus sentimentos. Participe de um grupo de apoio. Algumas clínicas mantêm grupos que se reúnem regularmente. Informe-se a respeito.

Culpa, raiva e depressão não desaparecem automaticamente no dia em que você entra pela porta da clínica, nem no dia em que sai por ela e deixa seu ente querido para trás. Mas podemos lidar com todas essas emoções do mesmo jeito que lidávamos com elas quando nosso ente querido estava em casa: com apoio dos outros, ajuda de Deus e o entendimento de que o que experimentamos é normal. *Vamos sobreviver.*

O exame *post mortem*

Sem um exame *post mortem* do tecido cerebral, os médicos relutam em citar o mal de Alzheimer como causa da morte, mesmo que seu ente querido demonstrasse todos os sinais e sintomas clássicos. Entretanto, os sentimentos e as crenças a respeito do exame *post mortem* variam muito.

> Meu avô disse: "Nada de *post mortem*. Sua avó já passou por muito sofrimento. Não precisamos fazer isso com ela".

> Fiz planos para que o tecido cerebral de meu pai seja doado para pesquisa. Aliás, preparei uma declaração sobre o que fazer no *post mortem*.

Quando saí de férias recentemente, eu disse a um amigo: "Eis a declaração. Se alguma coisa acontecer com papai, entregue-a para meu irmão. Ele terá de agir imediatamente".

Tenho declarações arquivadas na clínica de repouso e no hospital onde o médico de papai trabalha, para saberem que isso é o que queremos.

É uma coisa muito difícil de planejar. Só a ideia do que eles terão de fazer magoa-me terrivelmente. Mas, se ajudar futuras vítimas – se ajudar futuras gerações de nossa família –, as lágrimas valerão a pena.

Quando estou sozinho, entediado, e o tempo está ruim, penso na morte de mamãe e no *post mortem*. Sei que tinha de ser feito.

Havia a possibilidade de acharem alguma coisa em seu cérebro que lhes daria uma indicação quanto ao que realmente dera errado. E sei que minha mãe teria dito: "Se vai ajudar alguém, façam".

Eu planejava pedir imediatamente a autópsia até a hora da morte de minha mãe; então, no último minuto, mudei de ideia. Pensei em especial em minha mãe e em seus sentimentos quanto à privacidade pessoal.

A princípio senti-me culpado por causa de minha decisão, mas não me sinto mais. Não considero isso decisão moral, nem de certo ou errado, mas decisão pessoal que todo parente toma baseado em suas circunstâncias.

Requisitar um exame *post mortem* (ou autópsia) do cérebro e providenciar a doação do tecido cerebral é um último passo que muitos cuidadores decidem tomar, por muitas razões.

O exame post mortem *confirma ou nega de forma conclusiva a presença do mal de Alzheimer*

Durante a autópsia, o patologista examina com microscópio seções do cérebro. Se o mal de Alzheimer estiver presente, haverá placas e emaranhamentos, as principais características da doença. Foi assim que se acredita ter-se diagnosticado originalmente o mal de Alzheimer.

Se o mal de Alzheimer foi a causa da demência, é possível o tratamento para parentes sintomáticos. Os membros da família podem então tirar vantagem da pesquisa experimental de drogas e dos avanços médicos, se diagnosticados logo.

As famílias também vão querer saber se placas e emaranhamentos estão ausentes. Para quem está preocupado com as possibilidades genéticas da doença, tal notícia oferece alívio.

O único outro teste que confirma ou nega de forma conclusiva o mal de Alzheimer é uma biopsia cerebral realizada enquanto o paciente está vivo, mas isso raramente é feito, devido ao risco de complicações.

O diagnóstico clínico do mal de Alzheimer realizado enquanto a pessoa está viva é impreciso, por mais testes que se façam. Só as autópsias cerebrais depois da morte dão uma prova conclusiva.

O exame post mortem *contribui para a pesquisa do mal de Alzheimer*

Estudar o cérebro vivo é difícil. Diferente de outros órgãos vitais, o cérebro não é facilmente examinado. Ele está encaixado em um "cofre" ósseo destinado a protegê-lo contra infecções e traumas.

O cérebro também tem a proteção adicional de uma membrana especial chamada barreira hematoencefálica, que impede substâncias químicas de entrarem no cérebro. Esse invólucro protetor torna igualmente complicado retirar quaisquer substâncias químicas estranhas ao tecido cerebral vivo, as quais talvez deem indícios da causa do mal de Alzheimer.

O mal de Alzheimer é uma doença exclusivamente humana, que afeta nossos pensamentos, nossas emoções, nossa personalidade e vontade, mas nos últimos anos os pesquisadores descobriram animais, como camundongos, úteis para estudar alguns aspectos importantes desse mal, por exemplo, sua biologia molecular e o tratamento potencial com drogas.

O exame post mortem *ajuda a gerar fundos para pesquisa*

O financiamento de pesquisas para qualquer doença baseia-se em grande parte em seu predomínio. No caso do mal de Alzheimer, é muito importante que se reúnam estatísticas corretas.

Esses fatores realçam a importância da pesquisa do tecido cerebral. A cura é improvável a menos que seja descoberta uma causa, e nenhuma causa será descoberta sem o exame contínuo das anormalidades das células cerebrais humanas autopsiadas.

Consentimento para uma autópsia *post mortem* do cérebro

A decisão de mandar fazer um exame *post mortem*, no qual o cérebro seja especificamente autopsiado, não deve ser deixada para os dias carregados de emoção que cercam a morte de um ente querido. A morte inesperada e repentina pode eliminar a oportunidade de uma autópsia por causa dos requisitos médicos e legais necessários. Apesar de me julgar preparada, isso aconteceu com minha mãe. Eu me mudara para outra parte do estado e estava no processo de obter formulários de autópsia e tentar providenciar a internação de minha mãe em uma clínica de repouso dessa região, quando chegou o telefonema da clínica onde ela estava, dizendo que a doença piorara.

Previsão e planejamento são essenciais bem antes de a crise chegar.

Muitas informações, diretrizes e apoio são indispensáveis antes de tomar a decisão para um exame *post mortem*. A ajuda está disponível em muitas fontes.

- Comece com seu grupo de apoio local. Pergunte aos outros do grupo se eles passaram por esse processo. Providencie um palestrante para vir a uma reunião e discutir os regulamentos que se aplicam a sua comunidade.
- Reflita sobre as razões para um exame *post mortem* e pese os prós e os contras. Talvez você ou seu parente tenham objeções religiosas. Se isso o preocupa, converse com o pastor, sacerdote ou rabino.

Talvez você sinta que o corpo de seu ente querido será profanado ou tratado com desrespeito. Tranquilize-se, pois a autópsia cerebral não causa nenhum desfiguramento ao rosto nem ao corpo da pessoa. Não há razão pela qual, depois da autópsia, o velório não possa ser feito com o caixão aberto.

- Muitos projetos de pesquisa relacionados com a demência – os voltados a medicações experimentais – veem grande valor em exames cerebrais *post mortem*, e seus responsáveis podem pedir permissão para realizá-los tanto às pessoas com demência, que eles estão estudando, quanto a seus cuidadores. No futuro, quando a morte ocorrer, os pesquisadores terão acesso a essas informações para estudos posteriores.

- Converse sobre a decisão com os membros da família. Se há um cônjuge ainda vivo, a decisão definitiva cabe a ele ou ela. Mesmo assim, é bom que haja um acordo familiar – em que todos os membros tenham uma opinião sobre o assunto, de acordo com suas emoções, seu conhecimento daquilo que está envolvido e suas crenças sobre o desejo de seu parente; trata-se de uma preocupação legítima.

- Informe-se a respeito de doações de órgãos e tecidos para transplantes ou estudos no site da Associação Brasileira de Transplantes de Órgãos (http://www.abto.org.br/abtov02/portugues/populacao/home/home.aspx) ou da Aliança Brasileira pela Doação de Órgãos e Tecidos – Adote (http://www.adote.org.br/index.php).

Como tomar providências médicas

Lembre-se de falar com o médico de seu parente e a equipe da clínica de repouso para descobrir que providências são necessárias para uma autópsia do cérebro. Talvez seja preciso você tomar decisões especiais, no caso de seu ente querido falecer em um fim de semana ou feriado e haja um limite de tempo envolvido.

Caso decida fazer a doação do tecido cerebral, entre antecipadamente em contato com o centro de pesquisas mais próximo, para obter as informações indispensáveis. Será preciso preencher formulários e fazer planos.

Lembre-se também de que o responsável da funerária deverá estar envolvido e ficar a par do que você quer. O corpo não pode ser embalsamado antes da remoção do cérebro.

Saber a verdade

Alguns meses depois da autópsia, você ou o médico devem receber por escrito uma explicação detalhada dos resultados da autópsia enviada pelo neuropatologista que realizou a autópsia.

Consentir em um exame *post mortem* nunca é uma decisão fácil para nenhum cuidador; por isso, não se deve sentir culpa caso se decida contra esse procedimento. Depois de todo o sofrimento pelo qual nosso ente querido passou, achamos que merece descansar em paz. Mas se a considerarmos auxiliar da pesquisa e teste fundamental para o diagnóstico de uma doença que, algum dia, será controlada, prevenida e curada, a autópsia representará uma decisão difícil, porém, que oferece uma garantia. Para nós, nossos entes queridos e nossas famílias, a batalha logo terminará. Para milhões de outras pessoas, apenas está começando. As informações obtidas pelo exame *post mortem* podem ser o elo vital na corrente que um dia revelará a verdadeira causa dessa doença devastadora.

CAPÍTULO 16

O apagar da chama

Muriel estava sentada à mesa da cozinha. O pavio da vela tremeluziu, lançando um brilho morno na cozinha fria. A tempestade passara, mas a eletricidade ainda não voltara. Muriel ficou sentada e, com o olhar fixo na chama, pensou na morte da mãe alguns dias antes. Fora muito parecida com aquele pavio bruxuleante; muito semelhante à vela de chama indistinta que estava sobre a lareira da sala de jantar.

A morte não fora fácil para Ruth. Nem a vida. Ela sempre trabalhara tanto! Dera duro para criar três filhos, para tocar o sítio com o marido. E quando foi acometida pelo mal de Alzheimer, Ruth lutou arduamente para encobrir a doença. Depois, morrera com dificuldade – sofrendo para respirar, para ficar viva, para manter acesa a chama da vida.

Muriel lembrou-se de que algumas de suas amigas, filhas de pais com Alzheimer, disseram que a morte era um alívio. Era a libertação de anos de sofrimento. Muriel não tinha tanta certeza. Não parecia ter sido assim para sua mãe. Como era realmente a morte? Como seria para ela? Era um inimigo a combater ou um amigo a acolher?

Muriel observou o pavio da vela e ficou olhando enquanto a fumaça fazia espirais. Ela caminhou em direção à vela sobre o consolo da lareira. Um sopro. Dois. Um terceiro finalmente a apagou.

Exatamente como mamãe, Muriel pensou. Exatamente como a maioria de nós – tentando manter nossa chama acesa.

Como cuidar dos moribundos

Para alguns entes queridos, a morte virá tranquila, rapidamente. Para outros, só acontecerá após muita luta e sofrimento. A morte não é uma coisa que podemos explicar e entender. Só podemos esperar, preparar-nos e rezar para torná-la um pouco mais fácil para nossos entes queridos e para nós.

A clínica de repouso ligou-me sobre a mudança no estado de minha mãe, uma semana antes da Páscoa. Fiz a viagem de quatro horas para vê-la e planejei ir com ela ao hospital para uma série de exames relacionados ao sangramento gastrointestinal que ela desenvolvera. Mas pouco antes do dia marcado para os exames, o estado de mamãe piorou e logo ficou evidente para todos os envolvidos que a principal preocupação relacionava-se agora com sua respiração.

Eu tinha de tomar uma decisão. O médico de minha mãe deu-me as opções: tratamento hospitalar intensivo ou cuidados paliativos na clínica de repouso com uma equipe bem preparada para minimizar as dores e mantê-la o mais confortável possível. Escolhi a segunda opção e passei os três dias seguintes (e a maior parte das tardes e noites) sentada ao lado da sua cama, segurando-lhe a mão e ajudando as enfermeiras e atendentes com seus cuidados pessoais. Quando a morte chegou, não foi sem luta, para nós duas; mas veio como eu esperava que viesse. Mamãe não estava só. Era bastante evidente pelas lágrimas das auxiliares de enfermagem que eu não era o único "membro da família" que a amara.

Cuidar de alguém que está perto dos últimos dias de vida em casa ou em uma instituição não é muito diferente de cuidar de qualquer outra pessoa muito doente. Se seu ente querido está confinado ao leito e precisa de cuidado total por um período longo, suas metas são mantê-lo confortável, limpo e sem dor.

- Mantenha o quarto bem arejado e iluminado. A boa ventilação facilita a respiração e proporciona um ambiente mais agradável. O quarto escuro é um lugar assustador para quem está morrendo, em especial alguém com o mal de Alzheimer.
- Por causa da má circulação, talvez seu ente querido sinta frio. Nota-se isso nas mãos e nos pés. Cobertores e edredons leves ajudam.
- O cuidado da pele é de vital importância, pois a má circulação e a alimentação inadequada prejudicam a capacidade de o corpo nutrir as células. Mude seu ente querido de posição com frequência, pelo menos a cada duas horas. Faça-lhe uma suave massagem nas costas. Preste atenção especial à pele sobre todas as proeminências ósseas como os quadris, a parte inferior da espinha dorsal, os calcanhares, os cotovelos, os ombros, e até a parte de trás da cabeça e as orelhas. Pense em obter um colchão d'água, de ar, gel ou espuma para a cama, a fim de evitar escaras.

- Os calcanhares e os cotovelos podem ser acolchoados e envoltos em tecidos macios, se seu ente querido debate-se contra as grades laterais. Meias e pantufas também podem ajudar.
- Coloque travesseiros extras sob a cabeça e os joelhos para aumentar o conforto e diminuir a pressão nas pernas e nos braços.
- O controle do intestino e da bexiga diminui ainda mais até haver incontinência total. Mantenha seu ente querido o mais limpo e seco possível. Se disponível, um serviço de lavanderia ajuda bastante.

  Um cateter, que pode ser inserido por uma enfermeira com ordem médica, ajuda a remover a urina da bexiga. É fácil mantê-lo em casa, desde que seu ente querido fique relativamente confortável e não o arranque.
- Manter seu ente querido hidratado e nutrido será cada vez mais difícil. A capacidade de engolir pode acabar sendo perdida completamente. Nesse ínterim, providencie seus alimentos favoritos, que sejam ricos em calorias.

  Quando engolir tornar-se mais difícil, ofereça pudins, iogurtes, frutas amassadas e sorvete. Às vezes laticínios e sucos de frutas cítricas aumentam a produção de muco e causam problemas. Se esse for o caso, mude a dieta, evite os derivados do leite e prefira sucos como os de maçã e uva.
- Cubos de gelos serão bem-vindos se for possível chupá-los sem perigo de sufocação. Quando engolir for problema, umedeça uma toalha de rosto com água gelada e deixe seu ente querido chupá-la.

- A higiene bucal é essencial. É provável que seu ente querido respire pela boca e o queixo caia. Como resultado, a boca fica muito seca e desconfortável. Hidratação frequente ajuda.

- Colocar uma camada bem leve de vaselina nos lábios e ao redor das narinas ajuda a prevenir rachaduras.

- Se seu ente querido fica incomodado por uma quantidade excessiva de muco na boca, talvez você possa alugar uma máquina de sucção. Contrate uma enfermeira domiciliar para operá-la, ou peça instruções sobre como usá-la.

- A posição sentada ou meio sentada é melhor para comer e ajuda a impedir o engasgo. Alugar ou emprestar uma cama hospitalar ajustável torna isso mais prático. Também há disponíveis cadeiras especiais para uma posição sentada reclinada e confortável.

Um dos melhores investimentos para você fazer a qualquer tempo durante a enfermidade de seu ente querido é um bom manual de atendente ou auxiliar de enfermagem. Esses manuais oferecem centenas de dicas adicionais sobre como alimentar, acomodar, dar banho, ajudar nas idas ao banheiro e de outras formas satisfazer as necessidades físicas dos doentes. Os títulos são muitos; informe-se por intermédio de uma clínica de repouso ou agência de enfermagem domiciliar sobre qual o livro utilizado e encomende um por intermédio deles, ou da editora, de uma livraria ou pela internet. Quase sempre há livros atualizados, de boa qualidade e acessíveis.

Se os cuidados terminais se mostrarem opressivos para você, pense em conseguir ajuda de fora por meio de uma agência de enfermagem ou de um programa de cuidados paliativos. Este último apresenta cuidadores profissionais e voluntários que enfatizam o controle da dor e a satisfação das necessidades físicas, emocionais e espirituais do paciente e do cuidador, em um ambiente o mais natural possível. Infelizmente, ainda são poucos os serviços que prestam tal tipo de auxílio no Brasil, e os planos de saúde ainda não os incluem em suas coberturas. Mas a Academia Nacional de Cuidados Paliativos (ANCP) e seus parceiros lutam para que tal assistência seja regularizada em lei e, assim, possa atender com eficiência todos os pacientes portadores de doenças que ameaçam suas vidas. Algumas clínicas de repouso também proporcionam cuidados paliativos, com enfermeiras treinadas em cuidados para doentes terminais durante as últimas semanas de vida; talvez estejam disponíveis na sua região.

Apoio emocional e espiritual

– O que lhe causa mais medo na morte? – certa vez perguntei a uma idosa em uma clínica de repouso.

– A parte do morrer – ela respondeu.

– Mas o que tem a parte do morrer? – perguntei, esperando que ela fosse mais específica.

– Se eu tiver de morrer sozinha – disse ela.

Podemos dar apoio emocional e espiritual para entes queridos simplesmente estando ao seu lado. Podemos segurar suas mãos, oferecer para massagear-lhes as costas e lembrá-los de que os amamos. Podemos assegurar-lhes de que não precisam temer a morte; eles não serão abandonados. Não estão sozinhos.

Também podemos rezar por nossos entes queridos, pedindo a Deus que lhes suavize seus últimos dias e facilite a transição desta vida para a outra.

Certa vez orientei estudos bíblicos semanais em uma clínica de repouso para um grupo de residentes com o mal de Alzheimer. Nossa passagem favorita e que líamos com frequência era o Salmo 23. Segundo o autor desse salmo, a morte não tem de ser uma experiência solitária. Há alguém para caminhar pelo vale das sombras da morte conosco. Faça seu ente querido lembrar-se disso; lembre-se você também.

Pavios de chama brilhante

Alguns anos antes de mamãe morrer, quebrei sua bengala. Aconteceu na manhã em que eu estava atrasada para o trabalho, porque a ajudante que contratei se atrasou. "Meu carro quebrou", ela disse ao telefone. "Chegarei aí quando eu conseguir."

Frustração. Eu devia substituir uma colega doente no escritório. Tinha de chegar lá o quanto antes.

Minha mãe não estava ajudando. Na hora em que tentei tirá-la da cama, ela resistiu. Quando finalmente eu a pus de pé, ela decidiu sentar-se no chão. Foi aí que começou a bater-me nas pernas com a bengala. Não me bateu com força, mas perdi o controle. Agarrei a bengala e bati ruidosamente com ela no chão. A bengala, velha e delicada, quebrou-se em duas. Ficou quebrada no chão ao lado de mamãe.

Senti-me envergonhada e horrorizada. Minha primeira preocupação foi: e se tivesse sido mamãe? Algum dia a raiva e a frustração me fariam tratá-la como aquela bengala?

Mamãe trouxe-me de volta ao presente. Ela ainda estava sentada no chão. Mas agora estava rindo. Sentei-me a seu lado, pus meus braços ao redor dela e ri também. Ri até chorar.

Aquela noite li este versículo do livro de Isaías: "[O meu servo] não quebra o ramo já machucado, não apaga o pavio já fraco de chama". Isso me fez lembrar alguma coisa. Às vezes eu me sentia como um ramo machucado, machucado e maltratado na batalha contra o mal de Alzheimer.

Minha mãe era um ramo machucado, também, uma pessoa frágil incapaz de cuidar de si mesma ou de entender o que acontecia. Uma pessoa que necessitava de cuidados bondosos – com amor, riso e, de vez em quando, lágrimas.

Mas para mim o versículo de Isaías continha uma promessa de Deus. Nós duas não seríamos quebradas. Não precisávamos caminhar pela vida sozinhas, apesar do sofrimento e da confusão. Deus prometeu segurar nossas mãos. Ele também ia *amparar* minha mão e dar-me paciência como cuidadora.

Mais tarde, tirei a bengala quebrada do lixo e coloquei-a no armário de roupas. E agora, anos mais tarde, ela ainda está na prateleira de um armário, na casa onde atualmente moro com meu marido e meu enteado, servindo de lembrete para eu ser bondosa com aqueles cujas vidas tremulam na escuridão.

E para me lembrar de que não estamos sós.

APÊNDICE A

Como avaliar opções de cuidados prolongados

Há muitos recursos disponíveis para os cuidadores a respeito de opções de tratamentos, tais como clínicas de repouso, clínicas de cuidados especiais e clínicas residenciais. A seguir estão alguns dos *websites* mais facilmente acessíveis com informações adicionais.

A Associação Brasileira de Alzheimer é sempre a principal fonte de informações.

The Comission for Social Care Inspection é uma organização que inspeciona e faz relatórios sobre serviços e conselhos administrativos de cuidados na Inglaterra. Em seu *website* há uma lista de perguntas para se fazer ao visitar uma clínica. Veja: <http://www.cqc.org.uk/>.

Check-list para avaliação de clínicas de repouso

Pré-requisitos básicos

1. A clínica tem licença atualizada da autoridade de saúde local?
2. A clínica proporciona serviços especiais, tais como dieta específica ou terapia que o paciente precisar?

Considerações materiais

3. Locais
   a) agradável ao paciente?
   b) conveniente para o médico?
   c) conveniente para visitas frequentes?

4. Prevenção de acidentes
   a) bem iluminada internamente?
   b) piso adequado?
   c) corrimãos em corredores e banheiros?

5. Segurança contra incêndios
   a) satisfaz as normas sobre incêndio?
   b) saídas claramente marcadas e desobstruídas?
   c) plano escrito para evacuação de emergência?
   d) possui brigada de incêndio treinada?
   e) portas de saída não trancadas pelo lado de dentro?
   f) escadas protegidas e portas para as escadas mantidas fechadas?

6. Dormitórios
   a) abrem-se para um corredor?
   b) possuem janelas?
   c) têm número aceitável de leitos por quarto?

d) o acesso aos leitos é fácil?
   e) há campainha ao lado de todos os leitos para chamar a enfermeira?
   f) os pacientes têm água potável disponível?
   g) há pelo menos uma cadeira confortável por pessoa?
   h) os leitos têm lâmpadas de leitura?
   i) há guarda-roupa e gavetas?
   j) o espaço é suficiente para manobrar uma cadeira de rodas?
   k) como são selecionados os companheiros de quarto?
7. Limpeza
   a) o aspecto geral é de limpeza?
   b) o local é livre de odores desagradáveis?
   c) pacientes com incontinência recebem atenção imediata?
8. Entrada
   a) atmosfera acolhedora?
   b) se também é um saguão, é usada pelos residentes?
   c) a mobília é atraente e confortável?
   d) há plantas e flores?
   e) certificados e licenças estão à vista de todos?
9. Corredores
   a) largos o bastante para duas cadeiras de rodas passarem com facilidade?
   b) corrimãos dos lados?
10. Refeitório
    a) atraente e convidativo?
    b) cadeiras e mesas confortáveis?
    c) com facilidade de locomoção dentro dele?
    d) mesas convenientes para os cadeirantes?
    e) comida saborosa e servida de maneira atraente?
    f) refeições correspondem ao cardápio afixado?
    g) os que precisam de ajuda a recebem?

11. Cozinha
    a) áreas de preparo de alimentos, lavagem de louça e lixo separadas?
    b) alimentos que precisam de refrigeração estão em local adequado?
    c) o pessoal da cozinha segue regras de higiene?
12. Salas de atividades
    a) existem salas disponíveis para atividades dos pacientes?
    b) há equipamentos disponíveis?
    c) os residentes usam os equipamentos?
13. Quarto de isolamento
    a) há pelo menos um leito e um banheiro disponíveis para pacientes com moléstias contagiosas?
14. Instalações sanitárias
    a) convenientes em relação aos dormitórios?
    b) fáceis para um cadeirante usar?
    c) há pia para lavar as mãos?
    d) campainha para chamar a enfermeira?
    e) corrimãos sobre ou perto dos vasos sanitários?
    f) banheiras e chuveiros com superfícies antiderrapantes?
15. Parte externa
    a) residentes tomam ar fresco?
    b) há rampas para ajudar os deficientes?

Serviços

16. Médicos
    a) há médico disponível em caso de emergências?
    b) médicos particulares são permitidos?
    c) atendimento médico regular é assegurado?

d) são realizados exames físicos completos imediatamente antes ou na ocasião da admissão?
e) prontuários médicos e plano de cuidados estão guardados?
f) o paciente participa da elaboração de planos para o tratamento?
g) há outros serviços médicos (dentistas, oftalmologistas, fisioterapeutas etc.) disponíveis regularmente?

17. Hospital
    a) providências junto a hospital próximo para transferência são tomadas, se necessário?

18. Serviços de enfermagem
    a) há uma enfermeira responsável pela equipe de enfermagem formada em uma casa de repouso registrada?
    b) há uma enfermeira de plantão dia e noite com prática licenciada em uma casa de repouso registrada?
    c) há atendentes de enfermagem e assistentes hospitalares de plantão treinados em clínicas que proporcionam cuidados de enfermagem?

19. Reabilitação
    a) especialistas em várias terapias estão disponíveis, quando necessário?

20. Atividades
    a) as preferências do paciente são seguidas?
    b) são proporcionadas atividades em grupo e individuais?
    c) residentes são incentivados, mas não forçados a participar?
    d) são realizados passeios externos para os que podem participar?
    e) voluntários da comunidade trabalham com os pacientes?

21. Religião
    a) há celebrações religiosas?

b) providências são tomadas para os pacientes praticarem a religião como desejem?
c) práticas religiosas são de livre escolha?

22. Serviços sociais
   a) há assistente social disponível para ajuda a residentes e familiares?

23. Alimentação
   a) cardápios são planejados considerando os pacientes com dietas especiais?
   b) há variedade entre as refeições?
   c) as refeições são servidas em horários normais?
   d) o tempo para cada refeição é suficiente?
   e) há lanches entre as principais refeições?
   f) a comida é entregue nos quartos dos pacientes, quando necessário?
   g) é dada ajuda para comer, se necessário?

ATITUDES E ATMOSFERA

24. Atmosfera geral é amigável e incentivadora?
25. Os residentes são respeitados em seus direitos humanos?
   a) podem participar do planejamento do tratamento?
   b) prontuários médicos são considerados confidenciais?
   c) podem-se vetar as pesquisas experimentais?
   d) os residentes têm liberdade e privacidade para satisfazer necessidades pessoais?
   e) marido e mulher podem compartilhar um quarto?
   f) todos têm oportunidade de vivência social?
   g) os residentes podem controlar as próprias finanças, se forem capazes?
   h) pode-se fazer a decoração do próprio quarto?

i) podem-se usar as próprias roupas?
   j) podem comunicar-se com qualquer pessoa sem censura?
   k) não há transferências nem altas arbitrárias?
26. Administradores e equipe estão disponíveis para discutir problemas?
   a) pacientes e parentes discutem queixas sem medo de represálias?
   b) a equipe responde a chamados com rapidez e cordialidade?
27. Residentes parecem alertas, exceto quando muito doentes?
28. Residentes que não estão acamados usam roupas próprias durante o dia?
29. As horas de visita são convenientes para residentes e parentes?
30. As normas de direitos civis são obedecidas?
31. Visitantes e voluntários estão satisfeitos com a clínica?

APÊNDICE B

Outras demências e distúrbios relacionados

Doenças e distúrbios reversíveis e tratáveis que geram sintomas semelhantes à demência associada ao mal de Alzheimer foram analisados no capítulo 2. Este apêndice examina outros distúrbios que também são considerados demências irreversíveis ou geram sintomas de demência em certos estágios.[1] Muitos dos sintomas ligados a esses distúrbios assemelham-se aos do mal de Alzheimer, mas outros são específicos ao processo de determinadas doenças. As preocupações dos cuidadores são quase sempre semelhantes, embora os medicamentos usados para o tratamento sejam diferentes.

---

[1] Textos sobre o mal de Alzheimer, vários tipos de demências crônicas e outras condições que provocam demência encontram-se em muitos sites na internet.

1. Demência vascular

A demência vascular é a segunda causa mais comum de demência irreversível crônica em idosos. O nome mais antigo para um tipo grave de demência vascular é *demência de multi-infarto*. Sua causa são quase sempre múltiplos derrames ou infartos (áreas necrosadas) no cérebro, que ocorrem nos vasos sanguíneos que alimentam as células cerebrais, impedindo o fluxo sanguíneo adequado para áreas do cérebro; quando não recebem oxigênio e nutrientes suficientes, porque o fluxo sanguíneo é interrompido, as células cerebrais morrem. (Este processo é semelhante ao que acontece quando alguém tem um colapso cardíaco e o fluxo do sangue para as células é comprometido.) Também pode haver uma demência vascular causada por um único derrame grave (*demência de infarto único* ou *demência pós-derrame*) *versus* uma série de pequenos derrames. Outro nome para o derrame é acidente vascular cerebral (AVC). A demência vascular é também um corolário para diabetes, histórico passado de colapsos cardíacos ou outras anormalidades cardíacas e hipertensão.

Os sintomas associados à demência vascular dão a impressão de surgirem repentinamente, embora a atividade de múltiplos derrames ou miniderrames venha ocorrendo há algum tempo sem nenhum sintoma óbvio. Quando este *realmente* acontece, há períodos de confusão semelhantes aos sintomas vistos no primeiro estágio do mal de Alzheimer, seguidos por períodos chamados platôs, quando parece não haver nenhuma mudança perceptível na memória nem no comportamento; esse processo diferencia-se do declínio lento, constante e total associado ao Alzheimer. As pessoas com demência vascular apresentam danos neurológicos locais ou focais relacionados com áreas específicas de envolvimento cerebral; por exemplo, fala indistinta ou fraqueza muscular em um braço ou uma perna. As pessoas que tiveram derrames do lado direito muitas vezes têm dificuldades cognitivas que variam de intensidade dependendo da localização e gravidade do derrame. Os sintomas incluem habilidades de raciocínio deficientes; dificuldade com a solução de problemas; déficit de aprendizado de coisas novas; danos na memória recente. Para complicar o diagnóstico, o mal de Alzheimer e a demência vascular podem coexistir, o que acontece com frequência no que é chamada "demência mista", responsável por 20% ou mais de todas as demências crônicas existentes.

Diferenciar o mal de Alzheimer da demência vascular é de suma importância; mesmo pequenos derrames podem ser visualizados e lesões no tecido cerebral se revelam em exames de ressonância magnética. Embora a demência vascular não seja considerada reversível, atividade de derrame posterior e a demência associada podem ser evitáveis ou o risco diminuído, já que muitos dos fatores de risco de demência vascular são conhecidos e podem ser controlados ou modificados (por exemplo: hipertensão, alta glicose sanguínea, fumo, colesterol alto, obesidade). Intervenções cirúrgicas, dietéticas e farmacológicas podem ser indicadas, bem como outras mudanças no estilo de vida.

A *doença de Binswanger*, também conhecida como encefalopatia de Binswanger ou encefalite subcortical, é um tipo raro de demência vascular, associada à hipertensão persistente, severa e crônica. Os fatores de risco também incluem diabetes, doenças cardiovasculares e hipertensão recorrente. A arteriosclerose avançada nas artérias medulares ocorre com mudanças patológicas na matéria branca subcortical frontal do cérebro.

Os sintomas da doença de Binswanger incluem dificuldade para engolir (disfagia), bem como para pensar, aprender e articular palavras (disartria). Problemas para andar, quedas frequentes e incontinência urinária também podem ocorrer. A evolução da doença de Binswanger é também como um platô. O controle de fatores de risco associados ajuda a retardar ou deter a evolução da doença. Técnicas de neuroimagem são usadas para diagnosticar essa doença.

Uma forma menos grave de moléstia nos pequenos vasos sanguíneos é chamada *demência vascular subcortical*, também caracterizada por dificuldade para andar, e com evolução mais gradual.

2. Demência com corpos de Lewy

A *demência com corpos de Lewy*, ou DCL (também chamada demência de corpos de Lewy), foi identificada pela primeira vez em 1983; as diretrizes para o diagnóstico foram formuladas em 1996. Normalmente, os corpos de Lewy encontram-se nas células cerebrais de doentes de Parkinson em duas áreas principais, mas na DCL esses corpos estão espalhados por todo o cérebro. Causados por depósitos de proteínas anormais chamados *alpha-synuclein*, foram descobertos e descritos em 1912 pelo neurologista alemão Frederic

H. Lewy, colega de Alois Alzheimer. É possível ter só DCL ou em combinação com o mal de Alzheimer. Acredita-se que a DCL seja responsável por aproximadamente 10 a 15% de todas as demências humanas e ela geralmente ocorre depois dos 65 anos de idade.

As características que definem a DCL incluem alucinações visuais e sintomas do tipo do parkinsonismo, tais como rigidez muscular, tremores, um modo de andar desajeitado e movimentos muito lentos. O início é mais repentino que a demência do Alzheimer, que progride gradativamente. Também pode vir associado a um distúrbio do sono que resulta em pesadelos, acompanhado por períodos de sonolência e letargia durante o dia. A pesquisa indica que, em cerca de 50% dos casos de DCL, o sono de movimento rápido dos olhos (REM) é adversamente afetado. Normalmente, durante o sono REM, as pessoas sonham, mas não "representam" suas experiências dos sonhos devido a um tipo de paralisia muscular. Quando o sono REM é afetado pela DCL, os doentes tornam-se violentos, podendo ferir-se ou ferir a outros, quando eles representam fisicamente seus sonhos. Durante o dia, quedas podem ser comuns devido ao equilíbrio precário e a acessos de vertigem. A depressão também aparece. Os sintomas variam ou oscilam em momentos diferentes do dia, ao contrário dos sintomas do mal de Alzheimer, que tendem a permanecer mais constantes. A demência associada à DCL ocorre nos primeiros estágios da doença, ao contrário da demência relacionada ao mal de Parkinson. Indivíduos com DCL também podem ter sintomas similares aos da demência de Alzheimer, inclusive dificuldades de comunicação e desorientação espacial, além da perda da memória.

Há também uma falta de acetilcolina no cérebro das pessoas com DCL (semelhante à do mal de Alzheimer), bem como um déficit de dopamina (como no mal de Parkinson). Medicamentos inibidores de colinesterase são um tratamento que mostra potencial para o tratamento de DCL e foram usados em testes clínicos. Remédios neurolépticos (antipsicóticos) que têm efeito tranquilizante, utilizados para tratar comportamentos psicóticos, não são recomendados, pois bloqueiam os receptores de dopamina no cérebro e causam efeitos adversos; por exemplo, rigidez muscular, imobilidade e até morte repentina. Exemplos de alguns dos principais neurolépticos são haloperidol (Haldol, Serenace), olanzapina (Zyprexa) e risperidona (Risperdal). Em 2004, o Committee on the Safety of Medicines [Comissão sobre a Segurança dos Medicamentos] publicou uma advertência de que a olanzapina e a risperidona não deviam ser receitadas a pessoas com demência. Entretanto, tem havido preocupação de que os neurolépticos possam ter sido ministrados a pacientes com o mal de Alzheimer para comportamentos como agitação e alucinações, embora sejam licenciados apenas para os esquizofrênicos. Os remédios usados para tratar o mal de Parkinson podem ser receitados, ainda que também possam aumentar a confusão e as alucinações. A fisioterapia ajuda os problemas de equilíbrio e mobilidade.

3. Demência relacionada a príons

Os príons são formas infecciosas de proteína que atacam o sistema nervoso central e depois invadem o cérebro, causando degeneração de neurônios e um acúmulo de amiloide. As células que morreram assumem a aparência de esponjas e o resultado é uma encefalopatia espongiforme. Embora raro, a mídia tem se concentrado neste tipo de demência, e os cuidadores e o público em geral costumam ter dúvidas sobre ele e muitos, erroneamente, a equiparam ao mal de Alzheimer.

A *doença de Creutzfeldt-Jakob* (DCJ) é uma forma rara de demência de príon que costuma ocorrer depois dos 60 anos. Embora os primeiros sintomas assemelhem-se aos do mal de Alzheimer, inclusive os danos à memória, as mudanças de humor e a fala lenta ou indistinta, a DCJ tem evolução muito rápida. Os sintomas também incluem tremores e movimentos espasmódicos repentinos (mioclono), andar inseguro, reflexo de sobressalto exagerado e ataques epiléticos. Com o tempo é necessário cuidado em casa ou na clínica de repouso. A morte geralmente ocorre dentro de seis meses a um ano e é muitas vezes associada à pneumonia.

A DCJ é diagnosticada pela autópsia do cérebro devido a mudanças patológicas singulares no tecido cerebral; durante a vida do doente, pode haver leituras anormais do EEG. Uma punção espinhal (punção lombar) também pode indicar a presença de uma substância no líquido cerebroespinhal, conhecida como "proteína 14-3-3". Atualmente não existe nenhum tratamento eficiente para esta doença, ainda que alguns medicamentos aliviem alguns dos sintomas do tipo do parkinsonismo.

Uma variante da DCJ é a encefalopatia espongiforme bovina (EEB) ou "doença da vaca louca". A preocupação relaciona-se com a carne de gado anteriormente infectado, que então infecta quem a consome. Cérebros e cordões espinhais do gado estão agora sendo removidos antes do processamento da carne bovina para consumo humano. Esta moléstia infecciosa é responsável por 5 a 10% de casos de DCJ e afeta pessoas de todos os grupos etários.

4. Anormalidades neurotransmissoras

O *mal de Parkinson* é causado pela ausência de dopamina, um neurotransmissor que controla a atividade muscular. Quem tem esse mal costuma sofrer de demência nos estágios mais tardios da enfermidade. Já na sua primeira fase, processos de raciocínio lento ou prolongado são evidentes, mas, ao contrário de quem tem o mal de Alzheimer, a pessoa com mal de Parkinson, com o tempo, em geral consegue lembrar-se e raciocinar, embora a fala seja mais lenta que o normal. Estas duas doenças são muitas vezes confundidas, nos primeiros e nos últimos estágios.

Para complicar mais as coisas, as pessoas com mal de Parkinson podem realmente contrair o mal de Alzheimer e os doentes de Alzheimer podem revelar sintomas mais tipicamente característicos do mal de Parkinson – por exemplo, falta de expressão facial, crescente tensão muscular e rigidez das articulações, movimentos lentos (bradicinesia), dificuldade para caminhar (arrastamento dos pés) ou iniciar movimentos, postura curvada e, às vezes, imobilidade total. Um aspecto singular do mal de

Parkinson e em geral ausente no mal de Alzheimer são tremores das mãos ou da cabeça de modo moderado ou severo.

A medicação ajuda a aliviar os sintomas associados ao mal de Parkinson, especificamente o levodopa ou L-dopa. Antidepressivos também são muitas vezes receitados para combater a depressão, frequentemente associada à doença.

5. Demências hereditárias

A *doença de Huntington* é um distúrbio hereditário que consiste em mudanças cognitivas no estágio inicial, dano da memória de curto prazo e movimentos involuntários (coreia da face e das extremidades superiores). Depressão, alucinações e paranoia também podem ocorrer no início da doença e o avanço pode ser uma lenta deterioração. Em geral, as pessoas com doença de Huntington continuam a reconhecer os entes queridos.

Um marcador genético identificado no cromossomo 4 foi ligado ao gene de Huntington. As mudanças patológicas no cérebro incluem atrofia acentuada, ampla perda de células nervosas e a diminuição crescente de matéria branca. A idade do início é geralmente entre 30 e 45 anos, ou mais tarde.

Várias medicações ajudam a controlar os movimentos musculares anormais, embora muitas vezes levem à rigidez como efeito colateral. Antidepressivos são usados com frequência para combater a depressão, ainda que não haja tratamento específico para a demência associada.

6. Demências frontotemporais

Existem muitas *demências frontotemporais* que variam com relação às mudanças específicas que ocorrem nos lobos do cérebro. Os sintomas comuns incluem alterações prematuras e acentuadas de personalidade, tais como apatia e falta de empatia e interesse pelos outros, irritabilidade, comportamentos compulsivos ou ritualísticos, desejos insaciáveis de comidas específicas (em especial doces), perda de inibições e comportamento sexual impróprio, falta de atenção no vestir e nos cuidados pessoais. A fala é quase sempre afetada e a pessoa tem dificuldade para encontrar as palavras certas para dizer ou para formar palavras, ou usa palavras em demasia. Geralmente não há perda inicial da memória, e nem esta nem a cognição são tão dramaticamente afetadas nos últimos estágios, ao contrário do mal de Alzheimer. As demências frontotemporais são diagnosticadas por técnicas de neuroimagens, tais como RMIs e escaneamentos de PET; atrofia (retração) dos lobos frontais e temporais pode estar presente e certas áreas do cérebro talvez indiquem baixo metabolismo. Um histórico detalhado dos sintomas e de sua evolução obtido de amigos e membros da família ajuda a diferenciar a demência frontotemporal de outros tipos de demência.

A demência frontotemporal é responsável por cerca de 10% de todas as demências. Desenvolve-se entre as idades de 35 e 75 anos. Em geral, estratégias não farmacológicas semelhantes às usadas para portadores do mal de Alzheimer são as intervenções mais proveitosas. Muitas medicações usadas para tratar outros tipos de demência pioram os sintomas e aumentam o comportamento agressivo.

A *afasia progressiva primária* é um subtipo da demência frontotemporal. Inicialmente, há uma perda da capacidade de linguagem, mas nenhum sinal precoce de perda de memória, ao contrário do mal de Alzheimer. Pode ser confundida com depressão.

A *demência frontotemporal com parkinsonismo* também pode ocorrer e relaciona-se com uma mutação em um gene ligado ao cromossomo 17. Os sintomas assemelham-se aos do mal de Parkinson, embora usualmente não haja tremores em repouso.

A *doença de Pick* é uma demência lobar frontotemporal mais rara que quase sempre se manifesta em distúrbios de humor e em uma progressiva incapacidade de falar (afasia), que pode tornar a pessoa completamente muda. Desibinições de natureza sexual, comportamentos sociais impróprios e perda de consciência social são indicadores da doença de Pick, mais que da demência de Alzheimer tradicional; a perda de memória não é tão profunda quanto no mal de Alzheimer. Distúrbios comportamentais podem se dar em estágios mais tardios da doença e incluem hiperoralidade (comer demais) e agnosia (incapacidade de interpretar imagens visuais). Inicialmente, a doença de Pick afeta as pessoas na faixa dos 50 e 60 anos.

Como o mal de Alzheimer, a doença de Pick é mais bem diagnosticada pela autópsia cerebral, a qual revela placas e emaranhamentos, perda de tecido cerebral e "corpos de Pick" no córtex cerebral, nos gânglios da base e em algumas estruturas do tronco cerebral. Em um escaneamento de tomografia axial computadorizada, uma atrofia severa pode estar presente, principalmente nas áreas temporais e frontais do cérebro.

Não existe cura para as demências frontotemporais, mas alguns medicamentos são usados para controlar os sintomas.

7. Anormalidades neuromotoras

A *esclerose lateral amiotrófica* (ELA), anormalidade neuromotora (também chamada "doença de Lou Gehrig", em homenagem ao famoso jogador de beisebol dos EUA, que a contraiu), caracteriza-se por progressiva emaciação e fraqueza muscular, contrações involuntárias da face e da língua, atrofia e dificuldade para falar e espasticidade. A ELA é resultado de um excesso do glutamato químico, responsável pela retransmissão de mensagens entre neuromotores. O excesso de glutamato destrói as células nervosas do cérebro e da coluna vertebral.

A pesquisa recente indica que algumas doentes de ELA têm problemas de memória e para tomar decisões e podem desenvolver sintomas adicionais de demência à medida que a doença evolui. Comumente ataca as pessoas na faixa dos 30 a 40 anos.

8. Anormalidades da matéria branca

A esclerose múltipla (EM) é uma doença degenerativa progressiva que afeta a bainha de mielina e o envolvimento da via de condução do sistema nervoso central. Geralmente, os tratos de fibras brancas que ligam a matéria branca e os neurônios no cérebro e na coluna vertebral são afetados. As explicações de sua causa incluem fatores viróticos, imunológicos e genéticos. O escaneamento por TC pode mostrar crescente densidade na matéria branca e placas de EM. O escaneamento por RMI e PET também podem ser usados para diagnosticar.

À medida que a EM evolui, ocorrem perda de memória, julgamento prejudicado e uma incapacidade para solucionar problemas e realizar cálculos. Os primeiros sintomas incluem fraqueza muscular generalizada, fadiga, tremores ao desempenhar atividades, sensações de dormência e formigamento, distúrbios visuais, instabilidades temperamentais, vertigem e zumbido nos ouvidos, e distúrbios nas funções intestinais e urinárias.

Os sintomas, que podem ocorrer tipicamente por volta dos 20 aos 40 anos, são quase sempre vagos e assemelham-se ao de outras doenças; por isso, a EM muitas vezes não é diagnosticada e os sintomas cognitivos são facilmente mal interpretados como mal de Alzheimer.

9. Distúrbios relacionados ao excesso de álcool e à avitaminose

A *síndrome de Wernicke-Korsakoff* é uma doença que pode desenvolver-se e que resulta em um tipo de demência irreversível, com perda de memória. Em geral se relaciona ao alcoolismo crônico que se converte em deficiência de tiamina (vitamina B1).

As células cerebrais precisam da tiamina para converter o açúcar em energia. O estágio agudo inicial é chamado *encefalopatia de Wernicke*; e o estágio crônico que se segue, *psicose de Korsakoff.*

Os sintomas são confusão, confabulação (preencher as lacunas da memória com palavras impróprias ou ideias forjadas) e falta de coordenação, relacionadas à fraqueza muscular. A intervenção precoce com altas doses de tiamina e abstinência do álcool podem reverter alguns dos danos cerebrais, mas geralmente não todos.

APÊNDICE C

Pesquisas e medicações

Segundo a Associação Brasileira de Alzheimer, ainda não existe um tratamento curativo para o mal de Alzheimer: "algumas medicações específicas (estabilizadoras) podem retardar a progressão da doença; outras (comportamentais) podem ajudar a minimizar a frequência e a gravidade dos distúrbios de humor e comportamento".

Somente o médico é capaz de fazer a opção terapêutica mais adequada ao seu paciente. Contudo, é bom manter-se informado e atualizado, conversando com profissionais da área de saúde, outros doentes e seus familiares e cuidadores.

A pesquisa e o desenvolvimento de novas drogas são contínuos e mudam constantemente. Testes clínicos de drogas estão sendo realizados em muitos países. Há também um sistema regulador de drogas e muitos passos precisam ser dados antes de serem aprovadas para a comercialização. Para receber informações sobre esses estudos de drogas experimentais, entre em contato com a Alzheimer's Society ou a Associação Brasileira de Alzheimer e pesquise na internet. A seguir fazemos um breve resumo de alguns dos últimos e mais significativos avanços na pesquisa do mal de Alzheimer.

1. Pesquisa e medicações com a proteína amiloide

Os pesquisadores há muito estudam a proteína beta-amiloide, substância viscosa que se acumula no cérebro de quem tem o mal de Alzheimer, formando placas características da doença. A pesquisa recente sugere que essa proteína também produza radicais livres ou moléculas com um número atípico de elétrons que, por sua vez, são conhecidos como causadores de dano celular ou morte das células. Recentemente, pesquisadores britânicos e dos EUA introduziram um pedaço adaptado da enzima ABAD nas células nervosas de camundongos e notaram que as células cerebrais injetadas com ABAD não foram danificadas pela beta-amiloide do mesmo modo que outras células cerebrais. É possível que um mecanismo similar impeça que a beta-amiloide se forme no cérebro humano.

Sabe-se que proteínas chamadas *secretases* agem nas proteínas precursoras de amiloide no cérebro e incentivam a produção da beta-amiloide. Os pesquisadores têm esperança de que as drogas que estão sendo desenvolvidas possam bloquear ou inibir a produção de beta-amiloide. Medicações antiagregadoras também bloqueiam a produção de beta-amiloide e estão sendo testadas.

Pesquisas anteriores mostraram que alguns antioxidantes servem para proteger as células contra danos por radicais livres que ocorrem naturalmente. Testes clínicos revelaram que há medicamentos que bloqueiam o dano dos radicais livres e melhoram a memória. Parece que as pessoas que ingerem alimentos com alto teor de vitamina E – como vegetais verdes de folhas mais escuras, óleos vegetais, nozes (amêndoas, avelãs, sementes de girassol), manteiga de amendoim, cereais fortificados, germe de trigo (que pode ser salpicado sobre o cereal), frango, peru e fígado, e frutos do mar, tais como salmão, vieiras e camarão – correm menos risco de contrair Alzheimer. No entanto, o uso de suplementos vitamínicos deve ter acompanhamento médico, especialmente no caso de pessoas com Alzheimer, pois quaisquer vitaminas em excesso são altamente tóxicas, e a suplementação de vitamina E aumenta os riscos de derrame (acidentes cardiovasculares).

Também têm sido realizados estudos de vacina com base na teoria de que esta mobiliza o sistema imune para produzir anticorpos que atacariam a beta-amiloide e evitariam ou reverteriam o processo de formação de placas. As vacinas seriam usadas para tratar quem tem Alzheimer em vez de impedir que ocorra. Os estudos mostraram resultados inconclusivos. Os testes cessaram em 2002, quando alguns participantes morreram; porém, a pesquisa continua para desenvolver vacinas que sejam menos tóxicas, pois parece que alguns pacientes vacinados tiveram uma evolução mais lenta da doença. Muitos especialistas acreditam ser essa uma das mais promissoras linhas de pesquisa.

2. A questão genética

Em 1987, os pesquisadores descobriram indícios de um gene ou genes sobre o cromossomo 21 relacionado com o mal de Alzheimer, especificamente com o mal de Alzheimer familial (herediário) prematuro. A hereditariedade ocorre em cerca de 1 a 10% de todos os doentes de Alzheimer, quando na faixa dos 30 anos. O cromossomo 21 é o mesmo associado à ocorrência da síndrome de Down; as anormalidades no cérebro que ocorrem em quem tem a síndrome de Down aos 40 anos são similares às daqueles quem têm Alzheimer, inclusive as placas e os emaranhamentos característicos. Também em 1987, o gene que contém o código para a proteína precursora da amiloide (PPA) foi encontrado no cromossomo 21. A PPA relaciona-se à proteína beta-amiloide e à formação de placas senis.

Em 1992, foi descoberto que o gene da PPA sobre o cromossomo 14 continha mutações associadas a alguns casos prematuros de mal de Alzheimer familial que afetavam as pessoas na casa dos 40 anos.

Em 1993, descobriu-se que o cromossomo 19 tinha uma mutação genética que era três vezes mais comum em pessoas com Alzheimer hereditário de início tardio e também com casos esporádico (nenhum parente "conhecido" tinha o mal de Alzheimer) do que em pessoas sem o mal de Alzheimer. Esse gene é chamado apoliproteína E (APOE), e parece ser o primeiro fator de risco biológico do Alzheimer de início tardio (além da idade). O estudo do gene da APOE é um dos caminhos mais promissores da pesquisa.

No futuro talvez haja meios de reduzir o risco de alguém contrair o mal de Alzheimer – por exemplo, manipulando o metabolismo para adiar a doença –, segundo os pesquisadores da Duke University, nos EUA.

Há vários tipos do gene APOE: APOE2, APOE3 e APOE4. Um chance maior de contrair Alzheimer está associada ao APOE4. É provável que o APOE3 seja responsável pelo desenvolvimento do Alzheimer em indivíduos muito idosos (com mais de 80 anos). E aqueles com o gene da APOE2 correm o menor risco. O gene da APOE é também fator de preocupação para a demência vascular.

A colaboração de especialistas do Reino Unido, liderados por pesquisadores da Cardiff University, realiza um estudo do genoma humano total na esperança de identificar os genes que predispõem as pessoas ao Alzheimer ou as protegem contra ele. Esse estudo é financiado pelo Welcome Trust, a maior instituição de caridade do Reino Unido. Amostras de DNA serão retiradas de 14 mil pessoas (6 mil com Alzheimer de início tardio e 8 mil de indivíduos saudáveis para controle) do Reino Unido e dos EUA; vão ser estudadas as variações genéticas comuns que aumentam a probabilidade de se contrair a doença. Acredita-se, por exemplo, que os genes que afetam os níveis de colesterol aumentam o risco de contraí-la.

A Alzheimer's Society do Reino Unido apresenta um texto útil intitulado "Genetics and dementia" [Genética e demência], que inclui informações proveitosas sobre os prós e os contras do teste genético. Uma versão para impressão está disponível em seu *website* principal (www.alzheimers.org.uk).

3. Fatores ambientais

O principal fator de risco para o mal de Alzheimer é a idade. As estatísticas da Alzheimer's Society indicam que uma em cinquenta pessoas entre as idades de 65 e 70 anos tem alguma forma de demência; uma em cinco manifestam alguma forma de demência depois dos 80 anos. As mulheres correm um risco ligeiramente maior de ter o mal de Alzheimer que os homens, os quais, por sua vez, têm maior probabilidade de desenvolver demência vascular. Parece que distúrbios médicos específicos também são fatores desencadeantes da demência vascular – por exemplo, hipertensão, alto colesterol sanguíneo e um histórico de derrame, diabetes ou anomalias cardíacas.

Os pesquisadores acreditam que alguns fatores ambientais desempenham um papel essencial no desenvolvimento do mal de Alzheimer. O estudo de vários metais, tais como alumínio, mercúrio, cobre e zinco está em andamento. Até agora a pesquisa produziu resultados heterogêneos.

A terapia de quelação é às vezes anunciada em revistas de autoajuda como um meio de livrar o corpo do excesso de alumínio ou zinco. Mas os efeitos colaterais, inclusive a hipotensão, vômitos, anemia, batimentos cardíacos irregulares, insuficiência cardíaca congestiva e insuficiência renal, superam em muito os benefícios apresentados. Os cuidadores devem pedir conselhos à ABRAZ ou a um centro médico bem conceituado antes de submeter seu ente querido a um tratamento alternativo.

Outra área ambiental de exploração relaciona-se com campos eletromagnéticos (CEMs) de linhas de força e outros equipamentos elétricos. Um estudo relatado na *American Journal of Epidemiology* [Revista americana de epidemiologia], em setembro de 1995, achou crescente probabilidade de demência em pessoas expostas a níveis frequentes e altos de CEMs; essa pesquisa precisa ser repetida antes de se chegar a conclusões sobre possíveis ligações entre o mal de Alzheimer e os CEMs.

A exposição prolongada a pesticidas também é considerada um possível fator de risco para a demência e está sob investigação. Do mesmo modo, fumar aumenta as chances de se ter demência, devido a seu efeito no sistema respiratório e cardiovascular. Aí estão incluídos os vasos sanguíneos do cérebro.

4. Pesquisa da acetilcolina e medicações a ela relacionadas

Drogas inibidoras da acetilcolinesterase foram aprovadas para uso em muitos países, inclusive no Brasil. Essas medicações reduzem o esgotamento da acetilcolina neurotransmissora no hiato sináptico, inibindo a produção de acetilcolinesterase; esta, por sua vez, torna disponível mais acetilcolina para aperfeiçoar a comunicação entre as células (veja também o capítulo 4).

Algumas drogas de anticolinesterase (também chamadas inibidores da acetilcolinesterase) foram testadas em exames clínicos. Houve testes com uma medicação experimental em 1986 e a Agência de Alimentos e Medicamentos dos EUA a havia aprovado para o tratamento do mal de Alzheimer de brando a moderado. Com o tempo, ela passou a ser raramente receitada, em razão de efeitos colaterais associados, tais como, por exemplo, danos ao fígado.

Há outros medicamentos licenciados especificamente para o mal de Alzheimer de brando a moderado e que podem temporariamente retardar a evolução dos sintomas. Outros parecem ajudar nos casos de demência branda a severa, estimulando os receptores nicóticos no cérebro, pois substituem a ação da acetilcolina normalmente destruída pelo mal de Alzheimer.

Os inibidores da colinesterase não curam o mal de Alzheimer, mas apresentam efeito positivo nos sintomas nos estágios brando e moderado – por exemplo, melhoraram a memória, a linguagem e a capacidade de se tomar decisões, e também a capacidade de executar atividades da vida cotidiana, tais como vestir-se e ir ao banheiro. Em média, essas medicações retardam ou adiam a piora dos sintomas por 6 a 12 meses para cerca de 50% das pessoas que os tomam, segundo a Alzheimer's Association dos EUA. Os efeitos colaterais são minimizados quando essas medicações são iniciadas com uma dose baixa e gradativamente se vai aumentando a dosagem. Os mais comuns são náusea, vômitos, perda de apetite e evacuações mais frequentes.

Receptores NMDA (nucleotídio de nicotinamida; receptores ionotrópicos para o glutamato) também participam da transmissão de sinais nervosos para as ações de aprender e lembrar. Há pesquisas sobre drogas que fazem parte de uma categoria chamada antagonistas de receptores NMDA e já há medicamentos aprovados à venda, inclusive no Brasil. Os testes clínicos mostraram que os sujeitos de um estudo com esses medicamentos mostraram deterioração cognitiva significativamente menor e capacidade maior para executar atividades da vida cotidiana. Sua ação se daria sobre a transmissão de sinais nervosos, regularizando a atividade do glutamato, uma substância química que ativa os receptores NMDA para permitir que quantidades controladas de cálcio entrem nas células nervosas. O cálcio é essencial para o armazenamento de informações. Entretanto, em demasia, causa a morte celular. Acredita-se que esses novos medicamentos bloqueiem parcialmente os receptores NMDA e protejam contra o excesso de secreção de glutamato. Os efeitos colaterais incluem dores de cabeça, confusão, vertigem, alucinações e prisão de ventre; em geral, todos são aliviados com doses ajustadas.

Acompanhe seu familiar às consultas e esclareça as dúvidas com seu médico, questione acerca das pesquisas mais recentes e dos novos medicamentos em estudo. Somente o médico que segue o paciente com Alzheimer tem condições de indicar os tratamentos mais adequados em função do estágio da doença, do estado físico da pessoa, das possíveis reações adversas, eficácia desejada, repercussões clínicas e prognóstico.

5. Pesquisa das mitocôndrias e suplementos

As mitocôndrias são filamentos microscópicos esguios ou organoides (órgãos pequenos) nas células do corpo. São consideradas a fonte de energia para as células e participam da síntese proteica e do metabolismo do lipídio ou gordura. O cloridrato acetyl-L-carnitina ocorre naturalmente nas células humanas (em especial, células do coração, dos músculos e do cérebro) e causam o funcionamento apropriado das mitocôndrias. É possível que a deterioração mitocondrial esteja relacionada ao envelhecimento.

Há drogas em testes experimentais e similares sendo vendidas sem receita como suplemento antienvelhecimento. Os cuidadores devem consultar o médico ou clínico geral a respeito da dosagem, se estiverem pensando nele como opção de tratamento.

6. Outras medicações alternativas

O ginkgo biloba é um suplemento popular vendido sem receita em farmácias e lojas de produtos naturais; os principais benefícios atribuídos a ele são a melhora da memória e da circulação. O extrato de ginkgo biloba deriva de folhas secas da árvore do ginkgo (avenca), nativa da China.

Mesmo sem comprovações científicas quanto a sua real eficácia, continua sendo estudado e mais usado para o tratamento de problemas circulatórios. Como acontece com qualquer medicação alternativa, é importante conversar sobre ele com um médico de confiança. Se seu ente querido toma medicamentos anticoagulantes (aspirina, por exemplo) ou há problemas associados à coagulação sanguínea, o ginkgo é contraindicado.